狼性营销学

李枢苇◎编著

Wolf
MARKETING

SPM
南方出版传媒
广东人民出版社
·广州·

图书在版编目（CIP）数据

狼性营销学/李枢苇编著. —广州：广东人民出版社，2019.6
ISBN 978-7-218-13391-1

Ⅰ. ①狼… Ⅱ. ①李… Ⅲ. ①市场营销学 Ⅳ. ①F713.50

中国版本图书馆 CIP 数据核字（2019）第 045154 号

LANGXING YINGXIAOXUE
狼性营销学
李枢苇 编著

出 版 人：肖风华

责任编辑：赵世平
封面设计：金刚创意
责任技编：周 杰

出版发行：广东人民出版社
地　　址：广州市大沙头四马路 10 号（邮政编码：510102）
电　　话：（020）85716809（总编室）
传　　真：（020）83780199
网　　址：http：//www.gdpph.com
印　　刷：三河市天润建兴印务有限公司
开　　本：787mm×1092mm　1/16
印　　张：15　　字　　数：170 千
版　　次：2019 年 6 月第 1 版　2019 年 6 月第 1 次印刷
定　　价：39.80 元

如发现印装质量问题，影响阅读，请与出版社（020-85716849）联系调换。
售书热线：（020）83795240

前言

在自然界，狼是效率最高的狩猎机器。虽然它们的先天条件并没有比其他野兽更有优势，甚至还差得多，但他们的狩猎成绩却总是名列前茅。

从自身特点来看，狼没有狮的力量，没有豹的速度，没有虎的敏捷，没有熊的体魄……在弱肉强食的自然界，应该属于弱势群体才对。然而事实却恰恰相反，狼利用自己的智慧和技能，依靠勇气，可以和一切竞争者抗衡。所以，即使是猛虎、雄狮，在遇到群狼的时候，也只有掉头逃窜的命。

从生存环境来看，狼也没有任何优势。自然环境被无情破坏，人类的残忍捕杀，狼的生存可以说是处处隐含着凶险，可以说狼的一生充满了艰辛和磨砺。然而，100 多万年过去了，这个地球上消失了许多比狼更为强大的物种，而狼却依然保持着旺盛的生命力，依然一次次地战胜对手，成为陆地上食物链顶层的食肉动物之一。狼身上的精神，的确值得我们学习。

首先，狼有着敏锐的嗅觉，善于捕捉机会。

在大草原上，狼似乎无时无刻不在注视着它们的主要目标——羊或羊群，窥视着羊的活动规律甚至牧羊者的状况，一有机会，马上出击。难怪人们常常将觊觎者形容为“恶狼似的眼睛”。

其次，狼富于进取心和攻击性，且不轻言放弃。

狼袭击羊时，常常是死死咬住，不会轻易放弃。而且狼并不是咬死一只饱腹而已，而是在最短的时间里，能放倒多少就放倒多少。这种富有攻击性、坚韧、执着的精神跟销售者为求成功不顾一切的心态非常类似。

最后，狼的团队作战能力非常强。

狼很少单独出没，总是团队作战，所以才有“猛虎还怕群狼”之说。在竞争日益激烈的企业界，团队精神的威力越来越受到重视，这是中国企业尊崇狼性文化的又一个缘由。

在竞争激烈的市场中，我们的销售人员要想拿下客户、赢得订单，就需要有一些狼性。因为市场是靠努力得来的，而不是靠运气等来的。只有把对手淘汰出局，你才能赢得生存空间。假如一名销售人员像只小绵羊，到了市场肯定要被其他的狼给吃了，这也是现在很多企业提倡狼性文化的原因。

将狼性文化应用得最彻底的企业，首推华为。正如华为总裁任正非说的，企业发展就是发展一批狼，狼有三大特性，一是敏锐的嗅觉，二是不屈不挠、奋不顾身的进取精神，三是群体奋斗意识。

一家企业如此，作为一名优秀的销售人员，更需要具备狼性。

当然，我们不提倡大家学习狼的争强斗狠，而是要学习狼的正面思维，遇到问题时，利用有利条件，寻找机会和方法，战胜危机和困难，而不是在那发牢骚和抱怨，要有积极面对现实的心态。

对于推销人员来说，所谓的狼性就是具有开拓性，有明确的目标，同时有耐心。很多企业都希望能够拥有具备“狼性”的员工，因为具备“狼性”的推销员生存能力也会更强，更有生命力，从而为企业创造更好的业绩。为了让更多的销售人员具备这种狼性精神，创造出更好的业绩，我们特推出了这本《狼性推销学》，从狼的生存智慧引申到推销员的生存策略，详细地介绍了狼性推销之道。

希望本书能给每位有志于销售的人以启迪，在市场这片草原上纵横驰骋，创造出辉煌的业绩！

目录
Contents

第一章

瞄准目标，像狼一样寻找猎物

第二章

千淘万漉，吹尽狂沙始见金

第三章

自我修炼，让自己成为销售高手

第五章

攻心为上，读懂客户的内心

第六章

完美服务，让客户找到上帝的感觉

第七章

好业绩全凭一张嘴

第一章

瞄准目标，像狼一样寻找猎物

有道是：“选择不对，努力白费。”如果对客户的定位不准确，目标消费群体不明确，成功机会就会很小。同样我们在进行营销活动的时候，也一定得先找到自己的目标。只有将自己的目标定位准确，自己才会认真地朝着目标努力迈进。

拒绝盲目，确定你的客户范围

从事市场营销工作，主要任务就是争取更多的客户。销售人员接触到一个新产品，首先要面对的一个问题就是：客户在哪里？

尤其对于新的销售员来说，没有客户的积累，一切都需要从头做起，困难重重。据统计，第一年从事销售工作的销售人员，有 80% 的失败是来自于对“消费群体”的定位不准确和对潜在客户的搜索不到位！

要想提高业绩，突破营销困境，这就需要有一定的找客户的方法。寻找客户虽然有多种方法可借鉴，但这也与业务人员自身的能力密不可分。因为，客户名单、联系方式、家庭地址等只是简单的客户信息，我们要找的绝不仅仅是这些，更多的是要精准搜索到潜在客户。

具体来说，要准确圈定你的客户范围，并最终确定你的潜在客户，需要从以下几点做起：

1. 熟悉你的产品

寻找客户之前，销售员要做的第一件工作就是熟悉产品，多掌握产品的一些知识，因为这些知识会帮助你更准确地圈定客户群。一般来说，销售员需要掌握的知识有：产品名称、产品内容、使用方法、产品特征、售后服务、产品的交货期、交货方式、价格及付款方式、生产材料和生产过程等。同时也要了解一下同行产品及相关的产品。

只有掌握了这些，你才能有信心去寻找潜在的客户。

2. 寻找潜在客户

寻找客户有很多方法，这需要销售员不断地去总结、积累经验，从而形成自己的一套办法。一般来说，销售员常用的寻找客户的方法有：

（1）扫街寻找法。

要发展新的客户，首先要对客户的来源进行分辨。比如，你可以到一些潜在客户比较集中的地方（如工业区、食品城、服装鞋业）进行扫街、扫楼。

当然，在拜访客户的同时，更应该做一个比较详细的记录，以建立更详细的客户信息。要尽可能地留下客户的电话，了解客户目前的意向。在这个过程中，就尽可能和客户交流，能使用的产品就先让客户体验一下，先铺上底，然后再根据客户的意向来推销产品。在以后的时间里，还要经常给客户打电话，跟客户多交流，以便能有效推销我们的产品。

（2）广告寻找法。

这种方法也比较常用，基本步骤如下：①向目标顾客群发送广告；②吸引顾客上门展开业务活动或者接受反馈展开活动。

另外，如果资金充沛的话，可以通过媒体发送广告，介绍其功能、购买方式、地点、代理和经销办法等，然后在目标区域展开活动。

（3）相互介绍法。

销售员可通过熟人、朋友等社会关系为自己寻找客户，也可以通过企业的合作伙伴、客户介绍，主要方式有电话介绍、口头介绍、信函介绍、名片介绍、口碑效应等。既可通过他人的直接介绍，也可通过他们提供的信息寻找客户。

聪明的销售员，还会寻找那些具有一定影响力且声誉良好的人、对自己产品比较认同的人和有着广泛人脉关系的人……并请这些人作为引路人，将会起到事半功倍的效果。

另外，不妨抓住一些重点客户，让客户推荐客户。这样与客户做朋友，真正实现感情的交流、信息的传递。销售员还可以在自己的业务地区或者客户群中，通过有偿的方式委托特定的人为自己收集信息，了解有关客户、市场和地区的情报资料等。

（4）资料查询法。

通过资料查阅寻找客户，既能保证一定的可靠性，也减少工作量、提高工作效率，同时也可以最大限度减少业务工作的盲目性和客户的抵触情绪等。

业务员经常利用的资料有：有关政府部门提供的资料，有关行业和协会的资料，国家和地区的统计资料，企业黄页，工商企业目录和产品目录，电视、报纸、杂志、互联网等大众媒体，客户发布的消息，产品介绍，企业内刊等等。此外，还有一些组织，特别是行业组织、技术服务组织、咨询单位等，他们手中往往集中了大量的客户资料和资源以及相关行业和市场信息，方便寻找客户。

同时，对搜集到的客户资料进行管理，也十分重要。现有的客户、与企业联系过的单位、企业举办活动（如公关、市场调查）的参与者等，他们的信息资料都应该得到良好的处理和保存，这些资料积累到一定程度，就是一笔财富。

（5）各种活动寻找法。

在各个行业，每年都有不少交易会，如广交会、高交会、中小企业博览会等等，充分利用交易会寻找客户、联络感情、沟通了解。

此外，企业开展公共关系活动、市场调研活动、促销活动、技术支持和售后服务活动等时，一般都会直接接触客户，这个过程中对客户的观察、了解、沟通都非常深入，也是一个寻找客户的好方法。

3. 筛选、确定合格的客户

客户找到以后，剩下的工作，就是要筛选出合格的潜在客户。对消费群体的准确定位，是一种事半功倍的途径，也是产品销售的前提。

一般来说，合格的潜在客户必须具备三个方面的条件：

（1）有购买力；

（2）有决定权；

（3）有需求。

这三点相辅相成、缺一不可，只有同时具备这三个条件，才是合格的潜在用户。对这样的客户，才能进行销售四步的工作，即：建立信任，展示产品，巧解异议，促成销售。

当然，不仅仅要找出合格的潜在客户，这只是销售工作的第一步。此后，还要围绕潜在客户展开一系列的背景调查，平时要拓宽自己的社交面，以便为自己建立一个广泛的信息渠道，不断去分析自己的方法，不断改善方法。最后，销售员可以通过亲自上门、邮件发送、电话、与其他促销活动结合进行的方式展开工作。

从登门拜访到请客上门

在生活中，我们可以看到这样一种现象：一流的医生不是出去找病人，而是病人主动慕名上门，因为一流的医生有着一流的医疗水平和一流的医德；同样，一流的营销人员不是满世界去找客户，而是客户主动去找营销人员，因为一流的营销人员有着一流的营销技巧和一流的商业道德。

这才是营销的最高境界！于是，在很多企业的营销过程中，吸引客户上门洽谈是重中之重。据统计，客户主动上门的销售成功率可以达到80%~90%，而且销售成本只有外出销售的5%~10%。

关于营销技巧，相信没有一家企业能够比麦肯锡更理解其中精髓。麦肯锡从来没有在大众媒体上投放过广告，更没有让营销人员登门拜访过客户，但麦肯锡却从来不缺乏客户——让客户主动找上门就是麦肯锡营销成功之处。

对于麦肯锡而言，成功的营销不是主动去推销自己，而是能识别客户需求，创造客户需求，然后利用企业的优势与专业技术去满足客户的需求。

无独有偶，通用汽车的大老板也非常善于营造让客户主动上门的气氛。比如，当他们想选地建厂时，绝不会到全国去推销设厂计划，更不是急于让政客盖章，或到摄影机前主持开工典礼，而是在底特律宣告一声：要选建厂地点了。各州政府自然会蜂拥而至，然后通用当裁判，宣判谁提供的地点够资格让通用去设厂。

随着市场竞争的加剧，不同企业都在想尽办法加大广告、推广的力度，力求将企业、产品的信息传播出去，吸引更多的用户。正是由于企业之间营销手法趋于类同，使得营销的边际效用不断下降，特别是广告投放的有效率更是直线下降，许多行业的营销遇到了困境，最后他们只能寄托于通过价格战进行突围。但也有不少企业采用“从走出去到引进来”的营销策略，使客户主动找上门来。

有一家电话直销公司，销售总监王林明确规定：所有销售人员不得外出销售，必须将客户吸引到办公室来洽谈。同时，全力在销售人员中树立了销售周期的概念，强调一定要快起来，把销售进度控制起来。

很多销售人员习惯于登门拜访客户，而客户也多半不愿意到公司洽谈。为了进一步转变这一惯性思维，王林专门请来了四名高级销售专家，组成了四个销售团队，有针对性地开展小组日常演练和指导。同时，销售人员每天的工作指标也做了重新规定，要求每名销售人员每天上报50个新客户、5个意向客户，每周吸引5~10个客户上门洽谈。

一开始，销售人员很不适应这种销售模式，难以从原有的销售模式转变过来。但2个星期下来，销售人员惊喜地发现每天上门洽谈的客户数量从一二个上升到三四个。又过了2个星期，每天可以达到5~8个客户了。

当月，销售业绩达到了3年以来的最高峰。随着销售人员技能的日趋提高、销售信心的提高，业绩也快速提升。

在产品同质化、竞争激烈的情况下，企业的品牌影响力以及营销手法的差异化往往成为决定客户购买的重要因素。优秀的企业懂得如何在客户没有明显需求的情况下创造这种需求，在客户有多种选择需求时引导客户的需求，最后再通过专业的技能去满足客户的需求，为客户创造价值，达到双赢的结果。

一般来说，要想成功吸引客户上门，其销售流程可分为五步：

第一步，搜集目标客户资料，多数来自中小型出口企业名录、各类电子商务网站、行业协会资料等。

第二步，直接面向决策人，如企业拥有者、总经理、市场部经理、进出口经理等进行电话营销，引起决策人的注意和对产品服务的兴趣。

第三步，采用邮件的形式向客户提供产品和服务的资料，使客户清楚了解产品和服务的优势和利益；同时电话追踪，了解客户疑问，解决客户疑虑，明确有意向的重点客户。

第四步，邀请客户上门洽谈，当面向客户进一步宣传产品和服务的优势和利益，用更具说服力的产品样本吸引客户下单。

第五步，促使客户当场签单或通过传真签单，并跟进款项的收缴，完成后续工作。

不靠推销，靠的是魅力

从心理学角度来讲，如果你能够多争取到一位忠实的女顾客，就可以通过她联系和争取到她周围的许多消费者，从而扩大销售。因此销售员了解女性消费心理并依照其特点进行超级成交，定能像拓荒者一样开发出令人惊喜的“处女地”。针对不同特点的顾客，我们应该采用不同的超级成交方式进行销售。

多数女性都具有热情细腻、联想丰富的心理特征，部分女性基于一种窘迫的现实，喜欢以自己的实际生活为基础进行联想，并常把幻想当作现实的组成部分。如果企业经营者能在市场营销中巧妙地运用女性所特有的这种不完全幻想，处处留给她们发挥想象力的余地，同时满足她们幻想和实用价值两方面的要求，使其美梦成真，就极容易诱导女性产生购买行为。

有的化妆品经营者就是巧妙地利用这一点，将大自然中的各种香味融进化妆品中，让女人们由化妆品的香味产生联想，去感受大自然的乐趣。目前，化妆品香型由花香型发展到幻想香型，国外许多高级香水是根据著名乐曲或诗画的主题和意境配制的。例如“巴黎之夜”香水，使人仿佛进入名曲“巴黎之夜”的情境之中，幻觉出优美繁华的都市夜色；又如“雾的早晨”“永恒的光辉”“爱的良宵”“美的梦乡”等等，无不让喜欢化妆品的女人们从联想、幻想中得到美的享受，其结果当然会令女人们倾囊购买了。如果我们由此得到启发，把中国古曲“春江花月夜”“翠湖春晓”“二泉映月”等诗情画意融入化妆品的香型中，该是何等绝妙的境界！ 这个时候，客户就被经营者“超级成交”了。

部分女性消费者的兴趣比男性更容易表现在与商品和服务有关的环境格局及情调上。因为女性在心理个性上比男性有更强的情感特征，往往会通过感觉器官的直接感受形成对商品和服务的偏好，尤其是年轻女顾客表现突出。商品的名称、外观、色彩、款式，和购物、进餐、娱乐环境中不同的建筑风格、装饰布局，及色调、声音、温度、气味等均可造成某种独特的情调渲染，在这种特有的情调中，她们极容易产生冲动性和诱发性购买行为，常常会因为这一“情调”的感染而不惜高价享受。

例如每年的 2 月 14 日是西方的“情人节”，每逢情人节，中国的各大城市的鲜花市场和礼品店里，也都掀起了购物热潮。玫瑰花、巧克力尽管身价倍增也不愁销路，因为作为爱情的信物，人们看中的是它所代表的浪漫与纯洁。敏感的经营者抓住这一情感消费的契机，竞相推出“粉色的情人节”“浪漫的情人节之夜”等消费项目。正如一妙龄女郎所言：“我就是喜欢这情调！”确实，柔柔的烛光、朦胧的色调、优雅的舞步、浓浓的爱意，使人们沉醉其中，消费支出的高低已经不是她们考虑的重点了。

跨国经营的美国吉列公司推出了通体透明的男性剃须用具后，曾出现了令人费解的场面——购买者多是女性！原来，女人们认为透明象征着爱与深情，作为妻子或情人的女性顾客，当然要为了爱情而慷慨一回了。因此，企业经营者在市场营销策划中，通过诸如色彩、声音、温度、气味等的有效搭配，造成某种独特的情调渲染，定将收益不菲。难怪欧美的一些著名商店，门面装潢之堂皇，铺面设计之巧妙，柜台设计之富丽，灯光配置之协调，都令人叹为观止。它们浑然一体，似艺术之宫，使置身其间的顾客都飘飘然以艺术家的风度进行鉴赏，因而乐此不疲，购物冲动当然会油然而生。

由于女性在家庭中的特殊地位，大部分女性都认为凭着自己的慧眼和巧手，通过购物而使她们的家居保持舒适、温馨、井井有条，这就是最大的创造和骄傲。对创造性的向往是大多数女性购物的主要动机之一。她们常常不愿买现成的毛衣而是去买各种毛线，然后用自己的巧手编织成别具一格的“母子装”“情人装”等；她们也热衷于光顾街头小摊，寻宝似的购买一些价廉物美的物品，通过拼凑、裁剪，把一个家装饰得温馨、舒适、富有情趣。企业经营者若能准确把握女性这种独特的心理特征，在产品经营的品种、方式上留给她们一片创造的空间和施展才华的余地，诱导女性创造欲的产生，必将如愿以偿。美国纽约闹市中有一家专卖妇女用品的商店，门口总是堆放着零乱的布料、衣服、装饰品等，吸引了许多女顾客寻宝似的挑出各自需要的商品。有人不解其意，问老板为何不把货物摆放整齐，老板一语道破天机："要是那样的话，这些女士就没有如此的兴趣和精力了。"这位老板正是摸透了女性消费者创造欲强的心理特点，她们总希望通过自己的慧眼去寻找能装扮自己生活的商品，用巧手创造更加舒适美好的生活。

爱美心理在女性当中尤为普遍。虽然她们会由于年龄的差异导致各自审美的角度不同，但一般都对自己的身材和穿着打扮比较讲究，总是希望能使自己更苗条，打扮得更漂亮或更得体些，所以她们对可以使自己容貌娇好、身材苗条的美容、健身、减肥等用品和服务倍加青睐，对服装、首饰、随身携带品等可以扮美商品都会争相购买。洞悉女性这一爱美的心理特征，企业营销者们曾经策划过美容美发热、健身热、减肥热以及各种时装的流行趋势，当然也带来了不菲的收益。

美国谢菲德裤袜公司经过市场调查发现，有40%的美国妇女都存在因为身材肥胖而不穿裤袜的自卑心理，于是他们经过长时间的研究，终于设计推出一种名为"胖妈妈"型的裤袜，并推出相应的广告：由3位胖墩墩的女孩站成一排，笑颜灿烂，抬头挺胸，穿上裤袜，从侧面看上去，非但无肥胖之感，倒让人觉得她们实在是快乐而健美，对生活充满了信心。广告词是："胖妈妈，你真漂亮！"这一广告播出后，一个月内收到7000

多封女性消费者的赞誉信，“胖妈妈”型裤袜的独特设计款式迎合了女性们的爱美心理，市场销量直线上升，奠定了该公司在美国妇女裤袜市场的重要地位。

狼性推销学之书籍销售

怎样凸显你的产品的价值，让你的顾客喜欢你的商品？怎样让你的客户如痴如醉，成为你的回头客？那就要运用狼性推销学之销售技巧。怎样让顾客一看你的商品就有感觉？关键在于运用好狼性推销学之技巧，揣摩顾客的心理，击中他们的软肋。这样，你在销售中会无往而不胜。

销售员都是用声音在进行销售，那么怎样的声音才具有“超级成交”的效果呢？答案就是有准备的声音。经过准备的声音是“音乐”，反之则是“嗓音”。

请看这样一个故事：

有一个青年学生，因伤致残，安了假肢，心情十分压抑，不愿和任何人交往。

超级成交话术专家埃克森打算鼓起这个学生的士气。埃克森曾由于小儿麻痹等病一直靠轮椅生活，后来稍微好一些可以跛脚行走。

一天，埃克森事先有意把教学楼电梯卡住。当他走到电梯前时看到同学们都在那里，那个安装假肢的学生也在其中。他有意和大家等了几分钟，然后才对那个学生说："我们两个残疾人跛着上去，叫他们那些健全的人等电梯去吧！"

于是，这两个残疾人在那些健全的人进电梯之前已进了教室。他们首先进入教室，埃克森看着这个学生的眼睛微笑，给他以无形的鼓励。这时，一种深深的联系，一种被称为动物磁性的东西建立了。在其他学生进来之前，这个学生已建立了相当的自信。不到一个小时，他新结交了三个朋友，还建立了一种强烈的健全人的观念。

专家的成功在于他在这里使用了"我们"，"我们"这个词让他和眼前这个青年学生的距离一下子拉近了。这个词一下子调动了对方的感情，让他感到你跟他是一伙的、是一样的，从而增加了他的愉悦，给了他自信。

每个人都不喜欢冷冰冰的词汇，这样的词在销售中是不能够打动顾客的。只有充满感情并且能够打动顾客的词才能够在顾客的大脑中刮起一场旋风。

请看下面这个例子：

美国一位销售员看到一个家长领着自家的小女孩来买童话书，便说："谁家的小天使来找她的宝贝书了？"而没有说："谁家的孩子来购买图书呢？"

第一句中使用了赞美之词"小天使"，比第二句使用"孩子"一词效果好多了。

有些人把这些词汇叫作"热词"。在推销过程中反复使用热词会使销售员和顾客的关系越来越密切。

熟练地使用热词，容易突破对方建立起的心理防线。人们常常是冲动地买下东西，然后再考虑为什么去买。热词的作用即在于引发人们的冲动。

热词很多，要针对不同的客户选用不同的热词。如对爱国者，热词就是“国家”“国旗”“国歌”；对反对自由的人说“自由选择”“民主”等词，就会引起他们的反感，即不是热词。运用热词时，最好配以变换的声音和丰富的表情，效果会更加显著。

另外要注意利用带有强烈超级成交色彩的副词，这类词一般有：显然地、明显地、肯定地、确确实实地等。

比如超级成交师会这样对别人进行超级成交表演：

“你显然知道怎样放松，且明明白白地知道你有特权来体验这快乐。明显的，你生活上压力太重，现在正是消除它们的时候，肯定的，你知道怎样做白日梦和晚上睡觉，进行超级成交也是那样简单。显然的，不需要费多大事，现在轻轻地让你的眼睛合上……”

推销也是如此，请看副词式超级成交话术：

“显然的，这本书如果对于你孩子的学习没有帮助，我就不对你讲了。把钱明明白白地花在这个上面，是值得的，它对你孩子的学习会有很大的帮助。当然很显然，这本书销路很好，如果你现在拿不定主意的话，说不定什么时候，就会脱销。”

有人把销售的秘诀总结为四个字：销售买卖。销的是自己（影响力）；售的是好处；买的是感觉；卖的是价值。顾客买的不是有形的东西，而是东西背后无形的感觉与价值。有一个香水大王在他晚年的一个晚宴上透露他的商业机密：人们要买的不是一个产品，人家真正要的是——感觉。

当人们开始回忆往事时，很容易进入一种入神的状态，这时他们感情比较冲动，也易被影响。成功的销售人员、政治家与宗教领袖都擅长引导人们回忆往事，同时把自己的一些想法糅合到这些回忆中。

通过让一个人回忆一段愉快的往事，你可以让他变得像小孩子般激动与开心。我们来看一个例子。

推销员："你还记得你第一次买书的情景吗？"

顾客："当然啦！那是我8岁时我爷爷给我的春节礼物，那是一本《安徒生童话》，我待在家里看了好几天。每天晚上我是那样激动，想起书中的情节，怎么也睡不着。"

推销员："太棒了，一本好书确实让人爱不释手，好多情节都能够让人激动，甚至能够记上一辈子，不是吗？给孩子买上一本书要比给他买上一堆玩具有意义多了。不是吗？"

让顾客回忆"以前的好时光"，再把这种感觉与你的产品联系在一起，是促使他购买你的产品的好方法。进入愉快心境的人，心情更开放，更愿意消费，也更乐意通过小小的放纵来满足自己。

这种方式是把积极的形象与你的产品联结在一起的一个好方法。有时，我们也可以运用负面的形象来推动他人购买。比如说你想推销“家庭保安系统”时，你可以用反面形象回忆来提醒他过去那种没有贼的放心的感觉：

“还记得以前么？你可以整天不关门，钥匙就放在门前垫子下，大热天开着门睡觉也没什么可怕的。”

当他回忆这段美好时刻的那份安全感时，你可以让他知道现在要怎么做才能重温那种感觉。也就是把你的产品与这份安全感联结起来。

需要强调的是，人们总是追求快乐而想逃避痛苦的。想要超级成交，就要把人们的快乐与方便和你的产品联系在一起；把痛苦与不便和没有使用你的产品联系在一起。这是影响人们决定的一个重要的关键。

最大限度宣传产品的优越性

在与客户沟通时，每个人表达和接受信息的方式都不一样，为了达到最好的效果，我们就要了解并使用客户喜欢的方式进行沟通。选择他感兴趣的方式介绍你的商品，就能够加大你的商品对于他的吸引力，起到超级成交的效果。

多留心客户描述事物的方式，你就会发现支配他们的主要感官。如果他喜欢使用表示颜色一类的词汇，那就可以认定他是侧重视觉的人；如果他喜欢描述表示声音一类的词汇，那他就是听觉灵敏的人。

如果你能更多地了解人体五种感觉，好好地调动这些感觉，尤其是找到支配客户的那种感觉，你就能够更好地与他们交流、互动，从而凸显你所销售的产品的吸引力。

如果你想购买一辆汽车，请听下面三种介绍，你会更喜欢哪一部车？

第一部车的外形设计为流线型，非常优美，闪闪发亮，具备了齐全的欧洲车的外观，非常吸引人，但却不过分的夸张，你可以从这辆车子引擎盖的流线弧度，以及它尾巴升高的行李箱，看出它非常符合流体力学。整个车子的内装、外装的色彩搭配也非常协调。整个车身的金属板没有任何难看的凹凸不平。想象一下，你在春天里，驾驶着这样一辆车子去郊外春游，车子的高品位和你的高格调就会让路人向你投来羡慕的目光。这是第一辆车。

第二辆车子与第一辆有所不同，当车门一关上，你就可以从关门过程中听到车子安全、扎实的声音。当你启动引擎踩动油门，你会听到这种低沉的引擎声好像赛车一样。想象一下，你在高速路上开着这样一辆马力十足的车子飞驰着，尤其是听到车子里最高档的欧洲进口的汽车音响，用10个喇叭播放着你最喜欢的音乐。当你加油换挡以后，车子呼啸而过，呼唤着你振奋的心情，你是多么惬意。这是第二辆车。

我们再来谈谈第三辆车。这辆车的内装十分豪华，整个车子的弧度配合着你的身形，当你坐在车上时，你会感到非常舒适。车子的内装是用最高档的进口小羊皮装饰而成，皮面非常光滑、柔软，让你忍不住会多摸两下，欣赏它的高格调、高质量。车子的仪表板是用最高级的核桃木做成的，表面光滑无比。你启动引擎，开到街上，当你加速以后，转弯的时候，你会感觉到车轮的抓地力非常好，那种感觉可用四个字形容——“人车合一”。

如果你是客户的话，你喜欢哪一辆车？其实，这是同一部车，只不过使用了三种不同的方式来介绍。

如果你喜欢第一辆车，那你接受外界的信息主要通过视觉，对你来说多使用视觉的词语更能吸引你的兴趣；如果你喜欢第二辆车，那你就比较偏重于听觉，因为在介绍中使用了很多通过听觉表现的词语；如果你选第三辆车，那你就是感觉型的人，因为在介绍第三辆车时，使用了很多触觉及感性的词语。

销售中为了更有效地介绍产品，给客户最好的感觉，并吸引他的兴趣，一定要了解对方的接收方式。用客户喜欢的方式进行沟通，会收到意想不到的效果。

“赢家优势的观念”被视为人类成就的一项重要原则。这个观念的意思是说“能力稍作改善就可以大幅增进效果”。这表示，只要你在一些销售关键领域中稍做小小的改进，将使你的业绩有很大的进步。一旦你开始去学习或尝试一个新事物，这可能就是你销售生涯中最重要的突破阶段。

我以赛马来做比喻。一匹冠军马仅以一鼻之差险胜了亚军马，但却赢得了十倍受欢迎的奖金。难道这表示，以一鼻之差赢得冠军的马比亚军的速度要快十倍吗？当然不是！它仅以一鼻之差险胜，但却可以换来十倍的奖金。

同样的道理，一个销售人员为他的公司和自己赢得了一笔生意，因此赚得了全额的佣金。难道这表示他的产品绝对比竞争者的产品好，或比较便宜？当然不是！他的产品可能不如竞争者，也可能更贵，但是无论如何，是他赢得了这笔生意。这位胜利的销售人员在许多方面不见得比失败者更优秀。他只不过是抓住顾客的心理，把自己产品的优点放到了最大。单凭这一点，就应该赢得这笔生意。

让客户甘心接受产品的秘密

当你已经成功超级成交，让顾客与你达成了一致，认为你所提供的产品能够满足他们的需求之后，你就要善于发现他们发出的购买信号，并不失时机地采用各种办法拍板成交，结束销售。

下面是一些常见的行时有效的方法：

1. 征询意见法

有些时候我们并不能肯定是否该向客户发出订单了，我们也许不敢肯定是否正确地观察到了客户的购买信号。在这些情况下，最好能够使用征求意见法。

“陈先生，买了这本书，对你的工作是很有帮助的，不是吗？”

“在你看来这些书会对你的公司有好处吗？”

“如果买了这些书，一定对你的孩子学习有很大帮助的。”

这种方式能让你去探测“水的深浅”，并且在一个没有什么压力的环境下，征求客户订单。当然，如果你能得到一个肯定的答复，那你就可填写订单了。你再也不必重新啰唆怎样成交了。任何领域内的销售，你说得越多，越可能有失去订单的风险。

2. 从小问题着手法

从较小的问题着手来结束谈判就是请你的客户做出一个较小的决定，而不是一下子就要做出什么重要的决定。比如让他们回答“你准备订货吗？”之类的问题，所提的问题应该是：

“你看哪一本比较好？”

“你看是你们带走，还是我们给你送到府上？”

“我帮你拿到柜台去好吗？”

3. 选择法

用以下的提问方法给你的客户以选择的余地——无论哪一个都表明他同意购买你的产品或服务。

“你决定要哪一本？”

“是付现金还是刷卡？”

4. 敦促法

如：“朱先生，这种书卖得很好，如果你现在不马上要的话，我就不能保证在你需要的时候一定有货。”

5. 悬念法

“唐先生，价格随时都会上涨，如果你现在行动的话，我将保证这批订货仍按目前的价格收费。”

这时候顾客选择头下了，但千万不要沾沾自喜，更不能有一种“我赢了，客户输了”的观点，千万避免说出：“谢谢你的订单，我真的对此表示感谢。”

我们与客户刚完成一个完全的协商过程。我们的产品或服务介绍是针对客户的需求，客户购买了能满足他们需求的东西，感到非常高兴，如果我们仅为他的购买而去感谢他，则很可能突出这样一个事实，即我们对客户的销售成功了，而不是客户自己做出了购买决定。

利用这个机会说上几句利于巩固销售的话，比如：“陈先生，你做出了非常好的决定，希望你以后常来，……”对此，你的客户很可能报以这样的回应：“谢谢你！”

超级成交是一种技能，唯有在实践销售过程中不断磨炼，你才能熟练掌握。

想要成为一名成功的职业销售大师，除了掌握并熟练运用这些专业销售技巧外，还要不断学习各种相关的知识以充实自己，提高自己的自身素质。销售是一个与人交往的工作，唯有客户认可并接受你的个人素质，客户才有可能购买你的产品，你才可能成功。

潜在客户的资料对你很重要

美国曾经做过一个统计，结果显示所有不经过人而达成的销售，只占了总销售的3%。可见，那些通过传单、信件、报刊、杂志以及电视，所有这些不经过人而进行直接销售的方式，其销售成功所占的份额，其实是很低的。

除了这比例之外，其他97%的销售额又是如何做成的？你会发现，都要通过人。仅通过那些图片、文字、资料等广告，想要达成销售，其说服力是远远不够的，销售的达成，最关键还是要通过人。因为我们的需要，是需要通过人来满足的。

好了，现在我们做一个假设，假设你先面对自己的一个好友，然后再去面对一个很讨厌的同事，你体会一下你内心有什么不同的感觉。显然，面对好友时，内心是轻松的、舒服的，而面对讨厌的人时，内心则变得沉甸甸，十分压抑。由此我们发现，我们无论与什么人发生关系，到最后影响到我们关系的，都是内心的一种感觉。讨厌还是喜欢，是由内心的感觉决定的。进而我们会发现，关系的好坏，其实取决于感觉。

有的人，可能一见到就讨厌他，虽然从来没有与他发生过关系，却好似三世的仇家；而有些人，却一见面就喜欢，虽然以前并不认识，却像见到老朋友一样一见如故……什么原因？还是感觉！喜欢还是讨厌，取决于内心的感觉。

如果今天在同一家公司，销售同样的产品，都有着同样的品质、同样的价格、同样的售后服务，有销售员A与销售员B同时在卖，大多客户会喜欢跟A买，却不愿意跟B买，为什么？什么东西决定的？是他们的关系。而决定关系的是什么？则是他们的感觉。只有一个原因，客户会告诉你：我对A“感觉”比较好！

除此之外，可能客户还会说出其他许许多多的理由，但我们发现，其实人在很多时候，都是先有感觉之后，才用理性去解释的，是感觉决定了我做与不做某一件事情，做了之后你问我为什么，我才会理性地告诉你一大堆答案。我们再体会一下做一件事情的全部经过，大家做个试验如何？你会看到，其实在决定做的那一刻，我内心并没有那么多的理由，然而我做了，只因为我感觉到我应该做，凭直觉，凭反应，理由却总是做了之后才总结出来的。事实上，如果我没有感觉，我是不会去做的，很多事情在决定要做的那一刻，并不凭我们的大脑，而是凭我们的感觉。

有的人不同意，说自己买东西时总是很理性的，有足够的理由才会买。好了，现在让我们看看自己身上所有的东西，包括衣服、皮鞋、手表、首饰、眼镜、手机、皮包等，好，我们仔细再想一想，当我们去买这些东西时，是什么理由最终决定你去买的？大家说说看。

是“喜欢”，那是什么让你喜欢？是“感觉”，那是什么让你有感觉？是漂亮、时尚、款式好、质量好、价格便宜？那为什么买衣服时，有一大堆可以被你挑，你却只选这一件，而不要另一件？为什么有一大堆品牌，你却只选这个品牌，而不是其他品牌？“那个销售员好讨厌，这个销售员多好，所以我不到那里买，而只在这里买。”东西的好坏与销售员有什么关系？有没有发现，我们在旅游时特别喜欢买东西，有的时候明明价格比成都还贵，但我们却还要买，买到之后一看："成都制造"！有没有这种情况？

好，刚才我们说的那些买东西的理由，是我们买东西常用的理由吧？你们仔细想一想，这些理由当中，有哪一些是纯理性的？于是我们发现，今天一个消费者在买东西时，往往是感性多过于理性。如果只是需要，为什么架子上有那么多件衣服，你偏偏要选这一件？到最后，还是感性多过于理性。

所以，我们很容易理解，为什么当我们销售时，客户对我们的感觉是那么重要。如果客户对我们感觉很好，事实上，我们就很容易把产品介绍给他，他也很容易接受。

紧抓客户心理，吸引客户上门

狼性推销学的关键是了解顾客的心理。顾客的购物心理是指顾客在成交过程中发生的一系列极其复杂、极其微妙的心理活动，包括顾客对商品成交的数量、价格等问题的一些想法及如何付款、选择什么样的支付条件等。

顾客根据自己的需求，到商店去购买消费品。这一行为中，顾客的心理上会有许多想法，驱使自己采取不同的态度。它可以决定成交的数量甚至交易的成败。因此我们对顾客的心理必须加以高度重视。

1. 求实心理

这是顾客特别是我国消费者普遍存在的心理动机。他们购买物品时，首先要求商品必须具备实际的使用价值，讲究实用。

2. 求新心理

这是追求商品时髦和新颖为主要目的的心理动机，他们购买物品重视“时髦”和“奇特”，好赶“潮流”。在经济条件较好的城市男女中较为多见，在西方国家的一些顾客身上也常见。例如，来我国旅游的一对瑞士夫妇，穿着奇特，与众不同，当推销员向他们介绍古戏装时，他们非常高兴，当即购买了两套，并说明回国后举行生日宴会时要穿出来，让所有的宾客感到惊奇。

3. 求美心理

爱美是人的一种本能和普遍要求，追求商品的欣赏价值和艺术价值，在中青年妇女和文艺界人士中较为多见，在经济发达的国家的顾客中较为普遍。他们在选择商品时，特别注重商品本身的造型美、色彩美，注重商品对人体的美化作用、对环境的装饰作用、以便达到艺术欣赏和精神享受的目的。

4. 求名心理

这是以一种显示自己的地位和威望为主要目的的购买心理。他们讲名牌，用名牌，以此来“炫耀自己”。具有这种心理的人，普遍存在于社会各阶层，尤其是现代社会中，由于名牌效应的影响，吃穿住使用名牌，不仅提高了生活质量，更是一种社会地位的体现。因此，这也是为什么越来越多的“追牌族”涌现的原因。

5. 求利心理

这是一种“少花钱多办事”的心理动机。其核心是“廉价”。有求利心理的顾客，在选购商品时，往往要对同类商品之间的价格差异进行仔细比较，还喜欢选购折价或处理商品。当推销员向他们介绍一些稍有残损而减价出售的商品时，他们一般都比较感兴趣，只要价格便宜，经济实惠，必先购为快。具有这种心理动机的人，以经济收入较低者为多。当然，也有经济收入较高而节约成习惯的人，精打细算，尽量少花钱。有些希望从购买商品中得到较多利益的顾客，对商品的花色、质量很满意，爱不释手，但由于价格较贵，一时下不了购买的决心，便讨价还价。有的为了一元钱或几角钱，必要争论不休，致使想买的东西买不成。

6. 偏好心理

这是一种以满足个人特殊爱好和情趣为目的的购买心理。有偏好心理动机的人，喜欢购买某一类型的商品。例如，有的人爱养花，有的人爱集邮，有的人爱摄影，有的人爱字画，等等。这种偏好性往往同某种专业、知识、生活情趣等有关。因而偏好性购买心理动机也往往比较理智，指向也较稳定，具有经常性和持续性的特点。

7. 自尊心理

有这种心理的顾客，在购物时，既追求商品的使用价值，又追求精神方面的高雅。他们在购买行动之前，就希望他的购买行为受到推销员的欢迎和热情友好的接待。经常有这样的情况，有的顾客满怀希望地进商店，一见推销员的脸冷若冰霜，就转身而去，到别的商店去了，甚至再也不愿光顾那家“冷若冰霜”的商店。

8. 仿效心理

这是一种从众式的购买心理动机，其核心是不甘落后或“胜过他人”，他们对社会风气和周围环境非常敏感，总想跟着潮流走。有这种心理的顾客，购买某种商品，往往不是由于急切的需要，而是为了赶上他人，超过他人，借以求得心理上的满足。

9. 隐秘性心理

有这种心理的人，购物时不愿为他人所知，常常采取“秘密行动”。他们一旦选中某件商品，而周围无旁人观看时，便迅速成交。女青年购买卫生用品，男青年为异性朋友购买女性用品，常有这种情况。国外一些政府官员或大富商购买高档商品时，也有类似情况。

10. 疑虑心理

这是一种思前顾后的购物心理动机，其核心是怕“上当”“吃亏”。他们在购买物品的过程中，对商品质量、性能、功效持怀疑态度，怕不好使用，怕上当受骗，满脑子疑虑。因此反复向推销员询问，仔细地检查商品，并非常关心售后服务工作，直到心中的疑虑解除后，才肯掏钱购买。

11. 安全心理

有这种心理的人，他们对欲购的物品，要求在使用过程中和使用以后，必须保障安全，尤其像食品、药品、洗涤用品、卫生用品、电器用品和交通工具等，不能出任何问题。因此，非常重视食品的保鲜期，药品的无副作用，洗涤用品有无化学反应，电器用具有无漏电现象等。在推销员解说后，才能放心地购买。

想方设法让客户说“是”

销售的本质含意不是卖出产品，而是创造客户。生意场上，无论规模大小，出卖的都是智慧。

要记住，跟顾客交流的目的是为了说服对方，达到你所要的目的。如果你是一名礼品行销人员，那么你和顾客之间的谈判，最终要达成目的成交。因此，你是主动者，在你充分驾驭自我、统筹谈判局面的同时，还得紧紧把握客户，使他的思维朝有助于实现成交方面行进。把握客户思维的有效途径，离不开语言。而语言是讲究技巧的。有的人说话不出三句，便把对方得罪了，本来是好心，可对方却忌恨他。有的人同样用三句话，可以清楚地表达自己的意愿，缩短双方之间的距离，使关系逐渐融洽，从而成功地把握对方，达成最后的目的。把握客户的实质是用语言的能动作用，让客户自己推销自己。

下面我们看香港推销大王冯两努自述是怎样说服客户的。

那天，一个叫保罗的准客户，好不容易答应跟我谈一谈推销。我做了精心准备。我知道，他是一个十分傲慢的人，怎样才能让他感兴趣并继而产生购买欲望呢？我想了很多种办法。

我和保罗是在他家进行交谈的。我始终坚持一个信念，一定要用我的语言技巧说服他。

“保罗先生，您对什么样的产品感兴趣呢？”寒暄后，我开门见山地问。

保罗回答了他所需要的几种产品。

“在这方面，您还寻找别的什么产品吗？”

“这个嘛，只要质量或性能比这种产品好，我愿意要。”

“保罗先生，您所需要的这种高质量、高性能的产品，我正好能为您提供。”

就这样，冯两努用逐层深入、缩小问话范围的语言技巧，发现了客户的真正需求，使推销变成了客户自己的需要。

在销售的时候，我们要学会利用肯定设置使客户说“是”。

面对准客户，你首先要用积极、热情的态度感染他，并用肯定性语言把保单的功能、保险的好处介绍给客户，促使对方说出“是”。客户一旦进入你所设置的“是”的语境中，便会自觉不自觉地陷入同意的思维中。这必将增大他做出进一步同意的可能性。人同意得越多，就越容易做进一步的同意，许多高级推销员，每分钟都要让对方产生至少一次或大或小的同意。

那你如何不断地建立这种同意状态呢？

只要你设计回答为“是”的问题就行。如：

· 今天是五月一日，对不对？

· 你是马先生，对不对？很高兴见到你。

· 人们都愿买有很好服务保证的产品，对不对？

· 这种礼品很上档次，你说对不对？

当然，在要求对方回答为“是”的提问时，要保证这些问题能代表客户的需求，而这些需求你又能满足他！

你不妨拿出一张纸，写出十个以上回答为“是”的问题，注意这十个问题要包含以下几方面：开始交谈；建立需求；结束交易。接着你可以练习使用这一方法，看能否“把握客户”。发挥你的创造力，用这种让对方说“是”的问题帮助你获得更多的生意。

另外你可以应用超级成交中的重复技巧，给你赢得生意。到过海边的人都有这种感觉：海浪拍打海岸时，那些流动的、有节奏的声音，给人不可抗拒的作用。于是，许多成功的推销员运用有节奏的重复性的话语把握客户，以唤起客户的欲望与兴趣。

重复性话语有利于准客户不被别的事所干扰，如你在销售脑白金你可以说：

现在人对健康的重视程度越来越大，越来越大。送礼的时候还是送些对人家身体有好处的。送礼送健康嘛！对不对？

强调礼品的档次时，你可以说：

这一款礼品，显得非常上档次，非常上档次。

这种礼品是今年最流行的，非常适合你这个身份的人，非常适合。

相信通过有效的方法，可以让你击中顾客的软肋，顺利地赢得生意。

寻找潜在客户的一般准则

在推销活动的计划中有另外一个非常重要的问题，就是寻找自己的潜在客户。

寻找自己的潜在客户是推销员工作中的一项基本职责，只有找到自己的潜在客户，才能对目标客户进行拜访、洽谈，并最终达成协议，满足客户内心的需求，从而实现自己的目标。如果找不到自己的潜在客户，这一切自然都无法进行下去。当今社会，由于竞争的日趋激烈，老客户在不断减少的同时，不断地找寻新客户已经成为公司发展的当务之急。然而，许多推销员还迟迟没能掌握发掘潜在客户的技巧，他们经常发愁怎样才能找到自己的潜在客户。在这里，我们将围绕“如何发掘潜在客户”来做一些探讨。

寻找潜在客户应当按照商品的类别来进行。换句话说推销人员应该学会判断顾客的身份，考虑顾客现实中的实际情况，从而有针对性和有选择性地向顾客介绍相应的商品，让顾客感觉到你了解他的需要，又能在很大程度上满足他的需要。对不同人介绍与之对应的商品，必然会提高买卖成功的比率。这其实说的就是寻找客户的第一个原则，即按照商品的用途来寻找客户。

有一个厂家在推销自己生产的千斤顶时，他们所用的方法就是将全部的工商名录找出来，然后翻到“汽车队”这一栏，将所有车队的名字、邮政编码都抄到信封上去，写上“车队队长收”，再附上产品的相关资料，就这样将信件全部寄了出去。这家厂家就是充分利用了工商企业名录，找到了一个范围更广的潜在客户群。如今，这种方法已经被很多企业所采用，他们寻找潜在客户的方法就是把企业名录找来，一步一步筛选出和自己商品有关的单位作为自己的潜在客户。推销员自然也应该借鉴这种方法，去找寻符合自己的潜在客户。

发掘潜在客户的第二个原则是你要有敏锐的观察力和正确的判断力。只有通过细心的观察，才能发掘更多的潜在客户。观察就是要充分调动你的视觉和听觉，多看、多听、多思考；利用人人都容易接受的表现形式，碰到问题的时候多向别人请教，然后听取、分析、进而判断。只有通过自己的观察，才能对客户需求及支付能力有一个比较明确的判断，才能进一步明确该客户能不能自己做主买东西；也才能知道该客户是否只是敷衍而已。如果该客户没有足够的预算来买商品，或者不能自己决定来购买的话，或者他是个对交易持游戏态度的客户，那么这个时候你就应该果断放弃，不必将他列入潜在客户的名册，以免浪费时间。同样也只有通过观察，你才能做到将客户更加准确地分为 A、B、C 三级，为自己下一步的行动提供有力的支持。

发掘潜在客户的第三条原则是养成时时刻刻准备发掘潜在客户的习惯，总结并记录每日新增的潜在客户。不管是哪一位推销员，他都没有胆量说自己已经百分之百地控制了他所负责的地区的客户。所以，不管在什么地方，你一定还存在发掘新的潜在顾客的余地。在市场经济的世界中，每一个人、每一个单位都有成为你潜在客户的可能。对每一名推销员而言，潜在客户不仅存在于推销员日常的市场调查、推销拜访等工作时间内，而更多则是出现在推销员的非工作时间内。因此，每一名推销员应随身携带一个小记事本，只要听到或看到一个潜在客户就应该立刻记录下来，然后对其加以整理、分析、归类，只有这样才能让你的客源只增不减。

对于潜在客户的分类

在清楚了发掘潜在客户的三原则后，还应该明白潜在客户的基本类别，只有这样才能真正做到有的放矢地来寻找自己的潜在客户。通常来说，潜在客户一般可以列为以下四种：

第一种潜在客户是最近开发的客户。通常每年新开发的客户至少要达到原有客户总数的20%左右，才能在一定程度上有效弥补原有客户的流失，并能够为企业获得更大的发展提供有力的保证。如果你仅仅局限于当前客户的话，或许在短期内仍可以做上好几年的生意，但也应该积极寻找新客户，以防患于未然。

第二种潜在客户是曾经的客户。通常情况下，与这种人交往，在一定程度上比开发新客户、与新客户做生意要相对容易。因为有了之前的经历，双方都能做到彼此互相了解和信任，做生意完全能够直截了当地进入正题而不必花过多的时间来互相揣测，生意也就非常易于成交。

实际上，不少老客户都在等着你上门去给他们推销他们需要的、合适的商品，甚至他们中有人会说些诸如“你好久都不来这里了，是不是看不起我”之类埋怨的话，但你大可不必在意这些话语。这个时候你需要了解的是他们为什么不主动前来订购你商品的原因，针对他们提出来的意见，找到能促使他再次和你达成交易的方法后，再次鼓起勇气登门拜访，他们还是非常乐意向你订购商品的。这样一来，你也就因此而成为一个优秀的推销员了。

第三种潜在客户，是由于某些客观原因而不购买商品的客户。这些客户与第二种客户的区别在于，他们不是故意疏远你，是因为有许多其他事情要忙而在不知不觉中逐渐疏远了你或者说是你离他们而去。与第二种客户相比，他们更容易与你达成交易，只要你能够把他们当作朋友，记得他们，热情地对他们进行上门拜访，希望他们与你做生意，他们一般是不会拒绝的。

第四种潜在客户就是当前的客户。有些推销员在努力寻找潜在客户时居然忘了站在自己面前的现有客户，这是非常不应该的。如果你在推销一种新商品、新创意，或者发现原有商品的新用法时，请你不要忘了告诉他们，一定要把握住现有的客户。当他们有离开你的可能时，请你千万要记住“如果不幸被人当面拂袖而去，就抓住他们的袖子，如果被人用脚踢开，就抓住他的脚”这句话，用尽一切努力留住他们。如果你和他们的关系非常和睦的话，那么可以请他们为你做做宣传，这也是一个很好的选择。宣传你优质的产品和服务。如果他们能够在其他客户面前替你说几句赞赏的话，会比你的千言万语还要管用！

发掘潜在客户的多种方法

在发掘潜在客户的时候，如果是自己单独进行的话，可以考虑以下的方法。

1．市场调研法

市场调研是在范围比较宽泛的区域内寻找推销对象的过程。它的优点在于能够全面、准确地掌握潜在顾客的数量、分布状况、购买水平等一系列有用的信息。市场调研可以是推销员自己组织的，也可以求助于公司的相关部门来进行，但最终都应该能够获得一些有价值的信息，比方说你要调查一个公司的话，它应包括：

（1）该公司的基本属性：公司是一个什么样的公司，以及这个公司的经营范围——能够清楚地了解自己商品的用途与它们的业务是否有直接或间接的关联；规模怎样——了解这个公司对自己推销的产品有多大的需求；利润多少——了解它们对自己的产品是否有一定的购买力；之前你与该公司有没有业务往来——这样你就能够根据以往的经历从而清楚他们对谈判是否认真；公司的领导是属于传统的还是现代的——以此来确定你与之打交道的方式。

（2）该公司生产的产品及其所占有的市场：公司生产什么；服务态度如何；该公司在市场中处于一个什么样的地位；其市场是开放还是保守的；有没有继续开发新产品或比较先进的服务；这些新产品的研发与自己推销的商品是否有关联；现有的市场环境是否会损害公司和顾客利益；他们最有力的竞争者有哪些等。

（3）该公司的外在特征：谁主要负责采购你这类型的产品或服务，从中可判断客户是否具有自主权；他私底下是什么样的人；还有谁会参与最终的决策；你对于他们的了解有多少；谁是真正的实权掌控者。

（4）该公司的系统运转：他们的采购系统如何进行工作；谁又是系统的主要操作者。

（5）其他供货商：在这些供货商中间有以前使用过你的产品和服务吗？如果存在的话，回想一下他们对你的评价；谁是他们目前的供货方；他们是如何实施行动的；产品和服务的范围和价格又是怎样的。

在经过充分的调查之后，推销员就可以由此来建立潜在客户的档案；把每个客户的情况都逐一保存进去，以便以后使用。

客户卡是推销人员的宝贵材料，在寻找潜在客户进行上门拜访、邮寄商品说明书、寄发活动举办的邀请函、确定销售的技巧与策略的时候，都要用到客户卡中的资料。推销员要一丝不苟地填写内容，也可以根据实际情况适当增加一些栏目，比方说“公司经营范围”“公司与竞争对手关系状况”等，但一定要根据实际情况来填写。随着客户卡的不断积累，相信你的生意也会越做越大。

与市场调研法相关的还有情报搜集法。这种方法是指推销员选择一些适当的人员作为情报员，按照搜集的结果支付一定佣金的方式来实行的，让他们在发掘出潜在客户后立即通知自己。这类情报人员需要敏锐的眼光，他们能将你的推销网络扩充到你个人能力所达不到的地方去。比如，美国福特汽车公司的推销员就雇用出租车司机、汽车保养厂的师傅、高级饭店的领班和经理、高级俱乐部的服务人员来作为他们的情报员，充分利用他们与广大顾客接触的机会，寻找有购车意向的客户。

现在社会上出现了一种叫作“建立信息网”的销售模式，具体来说它也属于这种情况。这类公司在各大高校、企事业单位中广发广告，他们对外声称每为公司提供一名信息网成员，就能因此而拿到一百元左右的报酬。如计算机公司就会让有社会关系的人利用他们的人脉关系来拉一些信息网成员，并记录这些成员的详细情况，这样计算机公司就以极低的报酬为自己积累大量的潜在客户，并最终使他们成为信息网的成员来帮助他们宣传公司的计算机，这种方法是相当有效的。

2. 利用通讯录法

通讯录一方面可以是熟人通讯录，也可以是比较特殊的如毕业纪念册、顾客花名册等。这种方法既能节约时间，又能免去不必要的人力物力，效果非常出色。以下就简单介绍一下如何使用这些通讯录。

推销人员要根据当初相识的缘由将通讯录中的人加以分类，如果分为十类的话，就说明潜在客户有十种来源。分完类之后，找出十张卡片，按照这十个分类将客户的姓名一一记上。在进行分类时，一般可以分为以下几个步骤：

（1）找出你身边所有的亲人。只要肯下工夫将他们一一记录下来，你肯定会惊讶地发现其实真实的人数会比你想象中的多许多。

（2）找出你上学时候认识的同学。你可以从毕业的同学录中找到小学、初中、高中、大学里的老师和同学。你和他们之间关系的亲密程度对你做生意是很有好处的。

（3）找出现在或者曾经与你工作相关的人。这可以包括你的上司、朋友和客户，以及你工作单位的其他部门里面的人，和你的单位存在上下级关系的单位中的人也可以。

（4）找出跟你志趣相投的朋友。如体育、下棋、跳舞、旅游等有共同爱好的朋友。

（5）找出与定期上门调研的单位。如电力局、邮电局、水厂、暖气厂、家具店、公安局、居委会、修理店、派出所等。你可以在他们上门调研时向他们推荐你的商品。

（6）找出你在参加各种社会活动中所结识的人。比方说在一起开会、出席各种派对，参加各种宴会时所认识的人。他们也许会成为你的客户和变相的情报员。

（7）找出与你相邻地区的潜在客户。换句话说就是你现在或以前的邻居、房东。他们在一定程度上会比较信任你，比较乐于购买你的商品。

（8）找到与你的小孩有不同关系的人。你或许能够通过小孩之间的友谊与另一个小孩的家长之间建立比较融洽的关系。同样，你同时也可以找到与你的配偶有关的人，比较充分利用你配偶的社会人脉关系。

（9）找与你有产品交易关系的商人。比如说附近的杂货店、百货店、理发店、书店、药店的老板或其雇员。

（10）其他方面的人。这主要是对于具有某种比较特殊身份的销售人员而言的。如果你是一位宗教信仰者，那么你可以尝试找与你有相同宗教信仰的教友；如果你参加了某个俱乐部，那么你可以因此而逐渐发展俱乐部里的朋友，尽可能让他们变成你的客户或情报员。

你在通过以上的十个步骤划分完顾客后，就能根据卡片上的记载来逐个拜访各位潜在客户了。卡片制作好之后并不是固定的，而是要根据推销活动的进展情况，适当调整卡片中的顾客数量。当你在发觉到新的潜在客户时你应及时地将他登记造册，而卡片中的有些顾客，如果你经过努力之后也无法和他做成交易，那么就应该从卡片上剔除他的名字。而对于那些真正和你成交的客户，你也应该将他们的名字从卡片上标清楚，将他的名字转入现实顾客卡中。

只有这样，你才能比较精准地确定你的潜在顾客到底有多少。

3. 公共场所利用法

这是指要到人数比较多、人流量比较大的地方去发掘潜在客户。

这种方法如同钓鱼一样，只要将诱饵抛在鱼群密集的地方，再放下鱼竿，肯定能够收获到鱼的。比方说，你销售的是缝纫机，与其你每家每户上门推销，不如你到服装厂里做推销，以七到九个员工为对象，给她们亲自演示缝纫机的操作方法，也让她们亲自体验一下，使她们充分了解这种缝纫机的优点而主动给厂里提建议要求购买。厂里一般会答应职工的要求的。如此一来，你就能够为你的缝纫机顺利打开销路了。

由此我们可以明白，千万不能忽略掉人多的地区，推销员应该时常回想一下“我周围都有哪些公共场所，我都充分利用了吗？”推销员如果自身有条件的话，也可以主动地创造聚集场所，其中一个常用而且有效的方法就是举办不同形式的展销会。这样一方面可以吸引较多的人来观摩，另一方面是那些肯放下手头的工作，愿意花时间来参加你的展销会的人，很大程度上都是对你的商品或服务比较感兴趣的人，因此在展销会上发掘你的潜在顾客、甚至成交的可能性是非常大的。潜在客户都已慕名而来了，就看你如何接待他们了。

这里再推荐一个团体利用法。现在有社会上的人会成立大大小小的社会、行业、学术等团体组织，他们内部的成员都会服从集体做出的决定。在发掘潜在客户的时候，你可以尝试着先争取这些团体的领导层的同意，请他们向团体内部成员介绍你所推销的商品，或者请他们给你推荐有关的潜在客户。在使用这种方法时，应依据每个团体的性质量身定做一种推销方法，想方设法使商品的信息与团体的性质连接起来，使他们从团体利益出发从而有比较充分的理由来购买你的商品。

为了提高你的工作效率，你可以按照产品数额的折扣向团体支付一定的报酬，或者在没有任何大的利害冲突的前提下加入这些团体，以保持与领导层和其他成员的密切关系。这种方法在我国还是比较有现实意义的，有心者应该好好学习。

借助别人来发掘潜在客户

在一定的情况下，你或许了解了客户的信息，从而能够非常有信心地进行拜访。而如果面对的是你完全不了解的客户，那何以借助别人来发掘客户，了解其相关信息，具体可以使用以下的做法。

1. 利用专家法

推销员在发掘潜在客户的过程中，可以借助来自专家们的帮助。这些专家可以是该行业领域的专家，如销售计算机的可以找计算机方面的专家。因为专家对他所处行业领域的动态比较了解，知道什么部门对什么商品需求量比较高，哪些商品是跟得上脚步的、有比较强的竞争力的，哪些商品是陈旧的、应被市场所淘汰的，这些商品上又有哪几种竞争者，他们之间的实力情况对比如何等。

同时，专家身边的朋友们通常也是专家，他们之间会经常进行大量信息的交换，而且专家也比较容易获得一些信息，这些信息是我们平时所难以接触到的国内外资料和一些由国家有关部门提供的。专家所处的这种特殊位置使他们成为非常重要的信息来源，能给推销活动带来非常大的帮助。此外，专家们非常高的专业水平使他们有很高的信息敏感性与鉴赏力，能够对信息进行比较严谨和准确的分析，能够做到去伪存真，从中筛选出比较有价值的东西来，保证商品信息的权威性，保证我们对潜在客户分析的合理性。

通常来说，一个重要信息的检验，最方便、最权威的途径就是给处于权威地位的专家打个电话。比如想在全国范围内销售某种规格的电脑，那么就可以通过相关管理部门的专家们来了解不同地区计算机的生产销售情况，以及国家对计算机销售发展的相关优惠政策。掌握了这些信息之后，你就能清楚哪些地区的哪些单位有可能成为你的潜在客户，从而做到有针对性地进行自己的推销活动，使自己能够运筹帷幄。

推销员有时候也可以寻找来自营销专家的帮助。营销专家有着非常丰富的营销知识和经验积累，他们中的很多人都是成功的推销员。他们能够从营销角度出发来帮助你找寻自己的潜在客户，并能够帮助你判断这些潜在客户中哪些能够给你带来比较大的利润，哪些从盈利角度讲应该予以放弃，以及对那些比较重要的潜在客户应采取哪些合适的促销策略等。这些专家既可以是高校当中市场营销专业的专家，也可以是一些社会性的咨询机构中的专家。推销员可以建议公司委托他们进行市场调研，从而进行需求预测和成本分析等，来找到最合适的客源。当然，推销员如果能同时结合以上两类专家的意见就更好了。通过吸收这两类专家即该行业领域的专家和营销专家的优势，推销员就能降低不必要的风险，找到比较合适的潜在客户。

2. 与相关行业的人合作法

相关行业的人之间若能做到互相交换自己手中的信息，实现资源共享，就可以使各自积累的信息成级数增长。

同样的道理，互相推荐自己的潜在客户，就能够使双方所掌握的潜在客户的数量都加倍增长。如汽车销售人员与珠宝销售人员之间就可以相互合作。汽车销售人员可以把购买自用轿车而又有购买珠宝需求的潜在客户信息传递给珠宝销售人员；同样，珠宝销售人员也可以把购买了珠宝又想购买汽车的潜在客户信息提供给汽车经销商。这样，双方彼此的潜在客户就都增加了一倍，从而达到共赢的目的。

如果能够和多个行业的人互相交换信息，那么你积累的潜在客户的数量就会增加得更多，这样的好事何乐而不为呢？当然，在使用这种方法时，应和对方签订一个协议，也就是说他不能把他掌握的潜在客户转而提供给自己的竞争对手。作为交换，自己也不能轻易泄露自己所掌握的潜在客户。这样，就可以有效地防止信息外泄。

3. 借助资料法

在找寻潜在客户的时候要善于利用各种资料，比方说统计年鉴和各部门的统计报表等。通过对这些报表进行深入分析，从中可得出非常有价值的商品信息。

曾经有一个手表厂，因为某种原因而造成大量的货物积压，该厂的销售人员为之发愁，不知该从哪个方面打开销路。有一天，该厂的某个推销员下意识地翻了下该省的统计年鉴，浏览了一下关于该省手表人均拥有量的统计，结果他发现该省居民人均手表的拥有量南部地区的与北部的数量相等，但北部农民人均拥有量却远远低于南部农民的人均拥有量。他浏览到这里，立即考虑到北部农民人均手表拥有量比较少，同时不就说明北部农民有更广阔的手表需求吗？现在农村里面农民的生活是越来越富裕，他们肯定买得起手表，人均持有量少的原因很大程度上是因为那儿手表的供货商少，而不在于那边的需求量少。他从这些数据中敏锐地发现了其中所隐藏的巨大商机，非常开心，并进一步想到，厂里不可能做到挨家挨户上门拜访将手表直接卖给村民。那应该将手表卖给谁呢？此时他考虑到了农村中组织流通的各级供销社，认为村里面的供销社可以成为他的潜在客户。他将自己的想法向领导做了汇报，厂里采纳了他的建议，与那里的供销社达成了协议，让他们作为手表的代理商来销售手表。结果，囤积的手表一售而空。这个销售人员通过对统计资料的认真分析，找到了真正的潜在顾客，从而挽救了这个工厂。

这类资料现在比较全面，推销员可以利用各种人脉关系从各工业局、工商局、商业局、财政局、税务局、统计局、银行、公安局、物价局、大专院校、科研单位中有偿或无偿地获得。与此同时，许多全国性的经济论坛以及形形色色的展销会、供货会、订货会、工商洽谈会、新产品技术鉴定会、预测讨论会、新闻发布会等也都是推销员收集资料的重要来源。资源是共享的，就看推销员是否会有效利用了。

4. 竞争对手分析法

在你寻找潜在客户的时候，作为你的竞争对手，他们也在寻找潜在客户，而且他也可能已经拥有相当的“现实顾客”。因此你可以分析他的销售渠道，打听购买他产品的都是哪些客户，然后采用“挖墙脚”的方式挖走他的顾客，也不失为获取潜在顾客的一个比较有效的方法。

但这也不是一件非常容易的事，首先你必须清楚他所提供的产品的价格、质量、服务，然后再仔细分析他的顾客的需求特点，日常购买的习惯，与你的竞争对手相处关系是否融洽等。如果你有信心为他们提供更优质的商品和更优惠的条件，那么你就可以趁你的竞争对手暂时供货不足，或者他们之间产生隔阂的时候，抓住时机，勇敢地“拆散”他们，从而与他的顾客“喜结连理”。

5. 别的发掘方法

除了上述的方法之外，推销员还能够使用“相关产品连锁销售法”（即在卖一种商品的时候还可卖与之相关的别的商品）；“连锁式介绍法”（即在发现一个潜在客户后，可以请他向别人推荐你的商品，通过他来发掘别的顾客）；“行业开拓法”等种种方式来发掘潜在顾客。

发掘潜在客户后，还要认真维持现有的客户，使他们成为你的固定消费群体。不管怎么样，把有可能成为你潜在客户的资料，都要详细而明确地记录下来，再制订详实可行的销售计划，进而展开积极有效的行动。常言道："处处留心皆学问""实践出真知"。在灵活运用这些方法的基础上，不断地进行经验教训的积累，你就一定会想出更多更有效的推销方法，以此来收获更多的潜在客户。

第二章

千淘万漉，吹尽狂沙始见金

对客户超级成交的过程，就是激发客户占有欲的过程。怎样才能调动客户的潜意识，对客户成功实施超级成交呢？这就需要通过形象化的语言，充分调动起客户的想象和潜意识。所以一个成功的销售员，首先应该是一个构图专家。在与客户交流时，你不仅希望你的客户能够听到，同时也希望他们能够“看”到你说的话。客户在头脑中“看到”才会有感觉，才会调动起想象来。这就是超级成交的开始。

寻找能给你带来效益的客户

顾客购买产品的过程其实就是他们的需求得到满足的过程，怎样才能让他们购买呢？那就要抓住顾客的心理，通过他们的言行举止，发现他们潜意识里到底希望得到的是什么。

很多人都听过这样一个故事：

主持人将几个人分成若干小组做一个小游戏，他让每小组发挥集体的才智，做一头猪。等各小组完成后，大家一起参加一个猪产品的展销会，然后看怎么把自己的产品推销出去。

“猪”做出来之后，每个小组都说自己的“猪”是最好的，有的说是绿色食品，没有任何污染；有的说产自海外，品种优良；有的说白色可爱，可当宠物养；有的说……各式各样。但是主持人告诉大家他们的销售都是失败的。理由是他们只管销售，却并不了解顾客的需求和想法。

不了解客户就开始销售，等于蒙着眼睛打靶——乱开枪。

当你带领顾客去看你的楼盘的时候，你应该在温馨的气氛中，经过闲聊观察客户在潜意识中最关心的是什么，最想要的是什么。观察他们潜意识中关心什么，而不是你认为他关心什么。你认为最好的，对于客户来说并不一定非常喜欢。想把产品卖出去，就必须了解客户是怎么想的，客户真正的需求是什么。

请看下面这个小故事：

一对老夫妇来看一所房子，当销售人员把客户领到房间后，客户看到房间里的地板已经很破旧并变得凹凸不平，但当他们走到阳台上看到院子里有一棵茂盛的樱桃树，两位老人立刻变得很愉快。

老妇人对销售人员说："你这房子太破旧了，你看地板都坏了。"销售人员看到了他们对樱桃树的喜爱，就对客户说："这些我们都可以给你们换成新的，最重要的是院里的这棵樱桃树，一定会使你们的生活更加安详舒适。"说着销售人员把老人的目光引到屋外的樱桃树，老人一看到樱桃树马上变得高兴起来。

当他们走到厨房时，两位老人看到厨房的设备很多已经生锈。还没等客户抱怨，销售人员就对他们说："这些我们会全部换成新的，同时，最重要的是院里的这棵樱桃树，会让你们喜欢这里。"当销售人员提到樱桃树时，客户的眼睛立刻闪出愉悦的光芒。"樱桃树"就是客户买下这所房子的"关键点"。

在这个小故事中，销售人员通过观察客户的表情变化，敏锐地发觉客户在潜意识中对樱桃树的喜爱。于是他紧紧抓住这一点，因势利导，对客户进行种种暗示，给了客户一个购买的理由。没有需求的地方，就没有购买的行为。这个销售人员能够及时发现、唤起甚至创造客户内心对于产品和服务的需要，恰到好处地对其进行超级成交，结果取得了成功。

顾客内心的需要，就是顾客购买商品的理由。对顾客进行狼性推销学，就要做到你要什么我给你什么；而不是像平常的销售一样我给你什么，你不要什么。平常的销售中存在的问题就是：不是客户不想买，而是没有了解客户的需求。没有哪一个人喜欢被别人推销，推销给人的感觉是自己不需要而被迫接受。普通的销售方法中，大多数业务员都是这样做的。他们滔滔不绝地介绍自己的产品，说自己的东西是最好的，但客户却不以为然。你认为最好的，客户不认为对他是最合适的。只有客户认为最好的，才是最重要的。

普通的销售员的销售步骤是：首先介绍产品，也不管客户有哪些问题；介绍完毕后问客户要不要购买，然后听客户的反应，如果客户不感兴趣，他还会再次介绍一下产品的特点。

而狼性推销学的方法则有些像医院里的医生，医生们的销售步骤是：第一是倾听，听你说一些症状，身体有哪些问题；第二，中医讲究望、闻、问、切，医生通过周全的了解，知道你产生症状的原因；第三才是对症下药。所以对于医生的销售，客户们没有抗拒。

要对客户进行狼性推销，首先要了解客户的需求是什么，他们的期望是什么，然后针对问题，通过暗示等手段，对他们进行超级成交。

挖掘进一步有成交可能的客户

对客户超级成交的过程，就是激发客户占有欲的过程。怎样才能调动客户的潜意识，对客户成功实施超级成交呢？这就需要通过形象化的语言，充分起调动客户的想象和潜意识。所以一个成功的销售员，首先应该是一个构图专家。在与客户交流时，你不仅希望你的客户能够听到，同时也希望他们能够“看”到你说的话。客户在头脑中“看到”才会有感觉，才会调动起想象来。这就是超级成交的开始。

如果我说：“你现在手里正拿着一个青色的柠檬，你用刀切开，然后拿起一半放在你的嘴边，你用力一挤，青色的柠檬汁滴在你的舌头上——”说到这里，你是否有种酸酸的感觉？无论是真实的还是想象的，只要能让客户“看到”，他就会产生想象。产生了想象，超级成交也就开始了。

如果一个普通的销售员去销售柠檬，他可能会跟客户说“买我的柠檬吧！”或是“柠檬大拍卖！”但是你如果运用狼性推销学，你会说：“看看这些漂亮的柠檬，把它带回家，一切开，就会看到阳光的影子，你可享用最新鲜、充满维生素的柠檬汁！”你不得不承认，听到最后一种说法时，就像亲自尝到柠檬汁的感觉。这就是通过描述客户使用产品时的感觉，调动他们的潜意识，激发他们的购买欲望。

当人们听到或者看到某种事物的时候，往往会在潜意识里为这件事或这种东西勾勒出一幅图画，然后根据这幅图画作出判断。假定你卖的是割草机，那么当你的客户在使用这部割草机的时候，会是一幅怎样的情景呢？或者，你可能卖的是彩色电视机，你能想象出客户和他的家人一起观赏的情形吗？你能用心灵的眼睛看到并且描绘出来吗？假如你要在一次会议上发表一次成功的演讲，那情景如何？你是如何表现的？观众有怎样的反应？凡此种种，首先，你要用心灵的眼睛“看见”，然后再把看见的情景讲出来。在客户的头脑中勾勒美好的画面，唤起客户的美好感觉，用具体化的语言对他们进行超级成交。

在狼性推销学中，销售人员往往利用构图技巧，有效刺激客户的购买欲望。为客户构造出一幅幸福、美满的画面，画面越有吸引力，越能打动客户，激起客户对这幅美丽图画的向往，从而接受你的产品，进而产生购买的行为。

你必须让客户感受到你的产品，要让他陶醉在你的产品之中，你要让他闻闻产品的味道，摸摸产品的外表，你要让他站在特定的角度来欣赏产品。你要让客户充分感受到这个产品，让他操作或试用这个产品，以激起他强烈的购买欲望。

对客户进行超级成交，要尽可能将客户模糊的幻想变得具体化。想要调动他们的想象，你要尽可能地调动他们的多方面的感觉器官。

你可以利用触觉，例如卖化妆品的时候，你可以让她抹一抹，然后告诉她：“这瓶化妆品您抹在脸上是不是感到很润滑但不油腻，而且皮肤显得更加白嫩。”如果你销售的是纸张，你可以让他们摸一摸：“你摸一摸这纸张的质地是不是很光滑，撕开一张看看里面的纤维是不是很均匀，再闻一闻是不是有一种清新的纸香气。”

听到不如看到，看到不如摸到。正所谓“眼看千遍，不如手摸一遍”。为客户示范产品的操作最好交给客户，你只需要站在一旁指导和说明。事实上，让客户亲自动手，他才会找到感觉，才会有第一手的经验，这比你做示范更有说服力。你只需要准备一些支持性的资料，包括广告宣传单、图表、说明书等，以充分的证据帮助你做解说。让客户亲手示范的好处是引发客户的购买欲，对他们的感观进行全方位的超级成交。愿意试用产品的人至少有一半购买的意愿。

例如你要销售一个假日度假中心。用超级成交的方法你可以通过构图，全方位地调动顾客的感官世界，从而引起顾客的想象。

听觉——你可以听到海浪冲击的声音，还有海鸥的叫声。

嗅觉——你可以闻到松树或刚刚收割的稻秆香气。

味觉——你可以去逛逛那里的乡村商店，拿起那里的草莓，尝一粒，那酸酸甜甜、花蜜般的味道。

触觉——你取来一支独木舟的划桨，那木头十分平滑，而且手握起来十分舒服，让你觉得充满活力。

狼性推销学的本领就是凝聚客户脑海中的影像，使其愈加生动清晰，进而成为自身期待的梦想。一旦商品成为实现的工具，客户购买的几率就会大幅度提升。如何用构图的方法对顾客进行超级成交呢？首先问自己：“客户会如何使用这个产品？”先想好你的产品对这位客户有什么作用。也就是说这位客户会用产品做什么，这位客户想要从产品中得到什么。简单地说，就是用了产品客户会有什么好处。其次再自问：“客户在使用这个产品、享受它的效果与获得它的益处时，会是什么样的快乐景象？”

你只需要在脑海里想象出一幅有趣的、具体的、能打动人心的图画，然后再化为文字、语言，然后像放电影一样有声有色地描绘给你的客户听，你的客户就被你超级成交了。

情境创设——超级成交方法

情境创设是我们日常体验中的一种超级成交方法，它是运用语言描述我们心里创设的一些图像、声音、气味、感觉等。

以前古代的说书人都擅长这一招，他们讲一个故事能描述得活灵活现，把人物的表情、动作、声音乃至兵器、坐骑都很生动形象地描述出来。这样就紧紧地抓住了别人的注意力，并能运用他语言的魔力把听众的情绪不断地调动，或高或低，或大喜好人得利，或大斥奸人当道。你曾经想象过自己中午吃什么，晚上回家做什么吗？你曾经在脑子里排练见到顾客时要怎么进行销售沟通吗？那期间，你就进入了恍惚状态，也就是轻度至中度的超级成交状态。而我们在销售工作中运用的，正是要帮助顾客进入这样一种状态。

有人把销售的秘诀总结为四个字：销售买卖。销的是自己（的影响力）；售的是好处；买的是感觉；卖的是价值。顾客买的不是有形的东西，而是东西背后无形的感觉与价值。有一个香水大王在他晚年的一个晚宴上透露他的商业机密：人们要买的不是一个产品，人家真正要的是感觉。

一朵花并不值多少钱，可是一个少女会把男友送给她的花百般珍惜。为什么呢？为的是感觉。

名牌衣服真的就比一般中高档的衣服要好很多么？不一定。但是人们要的是名牌，要的是穿在身上那种尊贵的感觉。

所以，仔细研究你的产品或服务，把它能给顾客带来的感觉从不同角度描述出来，如他们拥有了这个产品之后会有什么好处，他们能听到什么

（别人的赞扬等），他们能看到什么（流线型的身形、夏日最流行的色彩、梦一般美丽的容颜等），他们能感受到什么（一流人士的感受等），他们可以闻到什么或尝到什么（“家的咖啡，给你带来家的味道”等）。

现在我们再来谈一些具体的方法。在一个销售过程当中，要让客户舒服地、自愿地向我们购买，往往是，我们不能改变他，我们却可以改变自身。我们与他的关系如同两头的钩子，一头钩着我们，一头钩着他，当我们发生改变时，他会不会发生改变？当然会！

那么我们该怎么做，才能让客户出现我们所希望的改变？就是要不断尝试，如果他出现的改变不是我们想要的，我们只能先改变自身，如果他相应的改变还不是我们想要的，只能再改变自身，直到客户出现我们所要的那种改变。这时，才成功了。这整个过程，是我们不断在变，直到想要的结果出现。

那么，如何才能够让别人更好地接受你，并最终达成自己的销售？

研究者曾统计过所有有效的销售过程，最后发现，在其中：观察与聆听，占了40%；建立共同的信念与价值，占了30%；而沟通，占了20%；销售，则只占10%。可见，观察与聆听，是何等的重要，只为销售而销售，它的成效只占很小的比例。

当然，这个统计数据指的并不是先后秩序，比方说你要用100分钟去谈判，不是让你先与客户面对面坐着，什么话都不说，然后40分钟到了，又用30分钟去建立共同的信念与价值，然后再去沟通，最后再去销售。这几项其实是并行的，我们在销售时，是同时观察，同时建立，同时沟通，同时销售，只是统计全过程中它们各占的比例，才发现它们彼此所占比例有所不同。

双管齐下，边推销边研究客户

在房地产界，流传着这样一则有趣的案例：

一老板开车路过某楼盘时尿急，无奈跑到售楼中心上了趟厕所。出来后，热情的售楼小姐迎上前向他介绍起自己的楼盘。一番交谈后，老板被深深打动。

结果，他当场付了定金买下一套房子。

这似乎是个很偶然的故事，然而进一步分析就会发现，在这个例子中，售楼小姐无意中利用了狼性推销学。一般来说，上完厕所后，人的精神和生理都处于放松状态，此时若很好地与之进行交谈，人的信息接受程度是比较高的。加上这位顾客刚好又有买房需求，下定金买房便顺理成章了。

狼性推销学之楼盘销售，实际上就是一种心理暗示。通过观察客户言行举止的细节，包括说话的语气、站立及行走的姿势、翻阅楼书观望沙盘时的神态等，对客户性格及潜意识进行初步揣摩，之后，销售人员有针对地给出信息，这样的楼盘介绍是最有感染力的。

比如走路有力、面部肌肉轻微紧张、表情变化较大、看起来凶巴巴的顾客，往往都比较感性。此时，销售员只需迎合其个性，直接问他要买什么样的房子，然后把符合要求的房源推荐给他并加以详细介绍，往往就能起到比较好的效果；而表面嘻嘻哈哈、有一搭没一搭地和售楼小姐闲扯，看起来像逛超市一样的顾客，则比较难对付。向他们推销房子，就必须仔细捕捉他动作及语言中偶尔流露出来的兴奋点，并通过对话加以扩大。

同时，对顾客动作的刻意模仿也会起到一定的“超级成交”效果：尽量跟客户的脚步保持一致，模仿客户双手交叉的样子，客户抖脚时跟着打拍子等，都会让客户产生一种莫名的亲切感，从而增加交易成功的可能性。

为了说明狼性推销学之楼盘销售的优越性，我们不妨将它和传统销售对比一下。

首先，我们来看狼性推销学之楼盘销售的场景：

售楼中心宽敞明亮，十分安静。除了耳畔回荡着的轻松的音乐外，听不到门外的车马喧嚣。迎上前来的售楼小姐微笑着向客户问好，并递来一本楼书。

在客户来回翻阅楼书时，售楼小姐会一直站在不远处等待。阅毕，售楼小姐会带领客户来到洽谈区。

客户坐在沙发里，喝着服务员端过来的热咖啡，心情已经很放松了。售楼小姐用轻缓的语气开始介绍：“当你进入小区大门，我们的保安就会在门口朝你敬礼，这时你会看到一条铺着青砖的小路，两旁种着银杏树和香樟树，沿着小路走，就到了精装修的入户大堂里，墙壁上贴着米黄色的瓷砖，角落里摆放着我们精心挑选的盆景。”

客户渐渐被吸引，听得很仔细。售楼小姐微笑着继续说：“坐电梯很快来家门口，开门后，可以闻到房间里有阳光的味道。这时候，你可以坐在看得到江景的房间，翻看一本小说，感觉非常舒服……”

于是，客户对该楼盘的好感油然而生。

请注意，一般销售人员都会说到的地段、户型、小区配套等，该售楼小姐并没有提及，在交谈时，她的目光也一直没有偏离客户。

接下来，再看一下传统的销售方式：

售楼中心里，沙盘旁边摆放着方形的茶几和有机玻璃材质的椅子，没有背景音乐。售楼小姐第一句话是："您好，请问想买什么样的房子？"

接着她拿出户型图，开始介绍楼盘："我们的房子离武林商圈只有15分钟的车程，周边有××超市和××医院……如果是两个人住的话，这套应该比较适合你，因为面积适中，结构也不错……我们的物管是××，业内很有名气的……"

两相比较之下，狼性推销学之楼盘销售与传统销售的优劣立判。

音乐使人安静，软绵绵的沙发会让人有不想离开的感觉，热腾腾的免费咖啡，则激发了享用者心里"无故得到后希望弥补"的潜能，即使不买房子，也愿意坐着听完介绍。

在这样的环境中，顾客接受信息的主观性就比较强烈，加上售楼小姐或许已通过行为观察，发觉了我属于比较理性的那种人，所以只是营造了一种购房后可能出现的、愉快的居住氛围，并没有过多地谈论楼盘的硬件，这些都比较符合狼性推销学方式。

而第二个楼盘所采用的，则是传统的楼房销售方式。它的效果，自然无法和狼性推销学方式相比。如果你是购房者，听到这些枯燥的介绍，只怕也提不起兴趣吧？

根据性格划分顾客类型

虽然人的性格复杂多样，但却并不是没有规律可循。这里谈及大部分情况中的十二种性格，并对其进行分析，给推销员以合适的推销方式。

1．忠厚老实型

这类性格特征的顾客一般会在心中设定“拒绝”的界限，不过如果推销人员能够客气并且说得句句在理的话，他们通常很容易点头称是，并逐步放松对推销人员的警惕。由于他们一般对人都充满同情心，即使推销员对商品的说明都含混带过，他们也会在一知半解之后进行购买。面对此类顾客，推销员一定要抓住机会，打破他们的拒绝界限。而且推销员要保持一定不能陷入友情局面，这样才可以次次都有收获。当然不能因为觉得对方忠厚老实而放松警惕，也要组织好会谈并坚定而有礼貌地结束会谈。在会谈时最重要的就是让他们点头说是，等到关键时刻，可以通过反问：“您看这么好的产品，不买多可惜呀，您不想买吗？”这种关键时刻反问的效果就是瓦解他们的防御心理，让他们不知不觉中完成交易。

2．自我吹嘘型

当你听到“哈哈，我和你们领导是好朋友”“你们的业务我非常熟悉”等这类让你觉得他无所不知的人时，你一般就可以断定他们是属于自我吹嘘型的人。此类型的顾客一般喜欢自吹自擂，夸耀自己见多识广，总想让别人觉得自己上知天文下知地理，并且和很多大人物相交甚密。由于这个特点，一般情况下他们都喜欢打断别人的话，通过更多的自我表述而让别人了解自我。因此，抓住这类型的顾客特点后，推销员应该首先当一位忠实的听众：津津有味地听，时不时地点头夸好，为对方喝彩。当他们的虚荣心得到满足之后便十分开心，购买销售人员的产品也就变得十分自然。若销售人员认为非要给这种人一个下马威，让他们的脸上挂不住，那么只能是让别人不开心，自己也很难销售出自己的货品。既然这样，能做到双赢的话，何乐而不为呢？

这类顾客一般因为自己的高谈阔论而有可能多买了很多东西，因为拒绝对方就会突然让氛围变得尴尬。不过他们也很明白，吹牛归吹牛，自己对产品的理解肯定赶不上专业的销售人员。所以作为推销员，遇到这类顾客时还要掌握一个要领，就是不但要吹捧他们，还要让他们了解自己对产品的了解也很到位，让他们知道自己是有备而来。和他们交往的一个技巧就是把握好自己的时间，在说明自己的产品之后要及时收尾。推销员可以说：“真是荣幸和您这么有见识的人交流，不过，我不想过多地打扰您的时间，您看您想要多少我们的产品呢？”

3．冷静思考型

一般而言，冷静思考型的顾客遇事冷静、沉着、思维严谨，外界人或事很难干扰到他们的判断力。冷静思考型顾客的表现特征一般为双方初次见面时，顾客只会与推销员握手、寒暄，仅此而已。在交谈过程中，他们通常扮演听众的角色，他们思索，他们以犀利的怀疑眼光打量着对方，打量着产品，并适时提出很多问题。见到这种人，有经验的推销员就知道是遇到了冷静思考型顾客，尽管他们会给人带来压抑，可是他们却不是真的厌恶推销员，不过是不愿意表露出自己的心态而已，思索只不过是他们的行为习惯而已。面对此类顾客，作为推销人员应该从介绍产品开始，认真仔细地从各个方面、各个角度来论证产品的优点，以获得顾客的理性支持。他们在经过理性的思考和分析后，便会做出理智的选择。在推销过程中，推销员一定不要表现出一种迫不及待的样子，而是要十分真诚、十分有分寸地介绍好产品的性能特征，一旦从源头上打断了他们对产品质量和产品售后服务的顾虑，他们则会逐步建立起信任。

4. 冷淡严肃型

冷淡严肃型顾客通常分为两类情况：外冷内热型和冷淡傲慢型。无论是哪种具体情况，他们表现出来的一般都是一副冷淡而不在乎、让人难以接近的样子，在他们还没有了解产品对自己的重要性时更是冷冰冰的，若推销员勉强推销，只能造成被厌恶。通过分析发现，外冷内热型顾客虽然表面十分冷漠，其实他们内心里十分渴望与人亲密接触，甚至希望别人了解他们的愿望；而冷漠傲慢型顾客则是真正的冷漠，是高傲孤僻、不善与人交往、不重感情、心胸狭窄、没有爱心并且轻视别人的人。

面对冷淡严肃型顾客，推销人员首先是探知对方具体属于哪一种情况，若顾客是外冷内热型，那么推销人员完全可以通过对产品的谨慎说明诱导出他们购买产品的热情和冲动情绪。在让他们对产品感兴趣并建立起友善的关系后，他们就是长期的合作伙伴。若是另外一种情况，通过判断得出该顾客属冷淡傲慢型，推销人员也不应该当即认为自己很倒霉、丢失了机会。虽然很难向这些不礼貌甚至刻薄的顾客推销，但是也可以通过激将法引起他们的辩驳，并通过最终购买行为来证明他们是什么样的人。这种激将法就是最好对付他们的方法。

5. 内向含蓄型

和外冷内热型的人有点相似却又有很大不同，内向含蓄型顾客在外表上安静冷漠的同时还局促、拘谨，不愿应酬，甚至有些神经质，在妇女中较多。他们的特征是坐立不安，不敢与人眼神交流，总会东张西望等。一方面自卑，没有自信，对任何事情都不是太感兴趣；另一方面十分害羞，怕见生人，在遇到推销人员时他们会有很多问号在心里出现。这主要是由于他们过于内向而引起。因此推销员如果在推销时遇到这类顾客，就应该谨慎稳重，细心观察他们的情绪以及行为方式的变化，坦率地和他们交流并多加鼓励。在与他们交流时要适时地选择合适的话题，让他们消除紧张，建立起值得信赖的友谊。

6. 先入为主型

有些顾客在还没有行动时貌似就有了准备。“我只看看，不想买”有这种表述的人明显就是“先入为主”的典型。许多推销员认为遇到这样的顾客就表明成功销售的希望十分渺茫，其实不是这样。越是这样的顾客，越是容易成交。要知道，顾客做出这种心理反应，多半是因为他们自己知道心理抗拒薄弱，这种先入为主其实并非他们的真正想法。因此，即使他们一开始说不买，销售人员也不用理会。面对他们只要真诚地接近，再在条件允许的情况下给予一点优惠，让他们动心，他们就会否定自己原来的态度而变成只要条件允许他们就会购买。

7. 豪爽干脆型

豪爽干脆型的人一方面开朗乐观，做事积极，决断力强。对待推销员，他们也不例外，十分豪爽。不等到推销员多说，直接嚷着看货，看中了就直接买下，不多说二话。这种性格有其好处，但是就如同最典型的张飞性格，也同样缺乏耐心和比较容易感情用事，很容易轻率。因此推销员要是遇到此类性格的顾客，就一定要顺着其性格，不能拖拖拉拉，在举止言行上要显得如同北方人一样豪爽奔放，不能啰唆个没完却没有重点。只要简短的介绍完产品的用途和特点，然后坦率地提建议即可，而不需要对顾客左讲右聊。最后以一句话结尾："买不买，一句话"。这会使顾客觉得销售人员十分"够意思"，买个产品交了个朋友。

8. 滔滔不绝型

有一种人总是爱说话，被人们称为"十分能侃"。只要他们开口就很难再停止，他们口若悬河，东扯葫芦西扯瓢，没完没了。即使是遇到第一次见面的推销员也不例外，拉着推销人员可以足足说上半天。无论推销员怎样，他们都会在最后表现得十分"恋恋不舍"，想要以后保持联系。应对这种类型的顾客，推销员就要保持一定的耐心，顾客心情高涨时切不可打断；虽然这类顾客很费时间，让推销员很有可能忘了主题而成了陪聊，但是这总比粗暴地打断对方惹来对方的怨恨好。面对这种类型的顾客，推销人员要抓住时机，找准谈话机会，将谈话人引回到自己要谈及的话题中。

9. 圆滑难缠型

这类人比滔滔不绝型更糟糕的，他们十分世故难缠、老练圆滑，即使是许下了诺言也不一定能够实现。他们不但向推销员索要各种各样的资料，还不断地提出各种尖刻的问题，或者不断地拖延、砍价，但是至于他们买不买，却很难判断。其实这类人的做法一般有几个最简单的目的：一是实在无聊，想通过试探来检查推销人员的水平或者正好碰到个人可以聊聊自己不知道的产品；二是确实想获得一定的购买优惠。因此，对于这种老奸巨猾型的顾客，推销员一定要张大慧眼，不能上了套。推销员针对情况要制造些紧张氛围，让顾客认为只有当机立断地购买才能有利可图。这种紧张氛围的制造，一方面可以测出这种顾客的目的到底是什么，另一方面也不至于造成担心顾客而主动提出降价。而对于顾客的尖锐问题，推销员要尽量避开，不予正面回答。不过，推销员既然可以学会制造僵局，让顾客进入紧张氛围，也需要学会缓解紧张气氛，让顾客最终购买产品才是重点王道。

10．感情冲动型

感情冲动型的人很容易受外界因素的影响，当心情舒畅时，他们可以将心里话掏出来与人分享，对人十分热情；心情不好时则郁郁寡欢，如果再糟糕点甚至可以朝人无端发一通脾气。这类感情冲动的人一般不会顾及后果，他们可以打断推销人员的话语，随着自己的性子妄下断言，自有判断，脾气上来了反悔自己原先的承诺和话语也不是没有可能。因此面对这类顾客时，推销员一定要抓住他们的性格及情绪波动情况。抓住他们心情舒畅的机会和他们做出买卖的决定；而当他们心情抑郁时则尽量避免，争取不在这种时候和他们接触。

11．吹毛求疵型

吹毛求疵型的人，通常都喜欢挑毛病，鸡蛋里头能挑出骨头来。

他们认死理，争强好胜，从来不会认输。那么该如何抓住他们性格的软肋呢？

其实这种吹毛求疵型的人一般都是死不服输，自以为是。他们自尊心强，不愿意承认别人是正确的，希望通过攻击别人来挣得自己的优越感。作为推销员，无论如何都没有必要和顾客引起争议，即使是生意不做了也无需得罪顾客，引起负面效应。推销员可以通过迂回战术，先是假装争辩，然后赞美对方，让对方觉得自己在双方辩论上已经赢了面子，再忍受一下这类顾客的发泄，让他们彻底觉得自己真的很高明，直到他们自己也觉得过意不去甚至表现出不好意思，推销员就可以趁势进入推销主题，最终敲定交易。

12. 生性多疑型

有一种人他们在家庭、工作等各方面都十分不满，尤其是在某方面上过当受过骗之后更是不愿意相信别人。面对推销员，他们只有一个概念："骗子"。"一朝被蛇咬，十年怕井绳"描绘的就是这类人，他们的典型特征就是对周围的任何事情都信不过，对推销员，他们上下打量，恨不得看透推销员的脑袋里装的是什么；对于推销员介绍的产品更是左看右翻，总想找出其中的问题，找不出来对于他们来说才不正常。面对此种类型的顾客，推销人员一定要亲切以待，不可施加压力，千万不能与其争辩。在进行产品的推销说明时，态度言语之处一定要以顾客的情绪为重点，让其首先缓和心态，然后再用十分有说服力的语言如权威评价或者各种坚定等让其信服。因此面对此类顾客，推销员一定要在专业知识上做足功课。

以上各种性格类型的顾客都是在正常生活交往中经常遇到的，无论面对哪种，作为推销员都要熟知并能自如地运用心理知识，针对不同的类型采取不同的措施，最终出售自己的货品。

狼性推销学之化妆品销售

怎样让客户在琳琅满目的化妆品中对你的化妆品怦然心动？怎样才能让她们花了钱还心情舒畅？怎样让她们对你的商品趋之若鹜？关键在把握好她们的心理，实施“超级成交”。

虽然在营销的实践中不少企业已经开始了心理营销的征程，但心理营销在营销界还是一个比较新的话题，很多企业虽然已经利用了这种营销方式，然而由于客户消费心理数据较难获取，不少企业常常在缺乏有效的市场调查的基础之上主观揣测顾客心理，其结果当然适得其反，无法形成有效的心理营销优势并拉动客户消费，这也正是心理营销无法在企业界推广的重要原因。当然，心理营销必须结合市场的现实情况展开，这是一个艺术性较强的操作模式，企业必须在进行充分市场调研的基础之上展开，否则将适得其反。

爱美之心，人皆有之，美女总是令人怦然心动，每个女人都希望自己能够有一张美丽的脸庞，正因为如此，化妆品遍布在我们生活当中。

我们每天都离不开化妆品。早晨起来，我们需要护肤霜，以保护我们的皮肤；晚上睡觉前，我们需要清洁用品，以清洁我们的皮肤；烈日炎炎，我们需要防晒霜，以防晒伤皮肤。除此之外，我们还经常需要唇膏、啫喱水、遮瑕膏等化妆品，以对付干裂的嘴唇、蓬乱的头发或难看的雀斑。在一些特殊的场合，如晚会、文艺演出等，我们可能还需要用一些美容和修饰类的化妆品，如口红、眉笔、胭脂等，使我们看起来更容光焕发，光彩照人。

怎样才能让你的商品给客户留下深刻的印象呢？那就要好好利用暗示、诱导。

一定要对你的客户强调美丽对于人的重要性。因为女孩子喜欢美丽，所以，我们要暗示她们，美丽是必不可少的。尽可能地诱惑、许诺以及煽情，强化女孩们的“美丽超群”的梦想。这在许多化妆品广告中做得很好。例如：

·女性的自信，来自成熟的魅力。某某系列丰乳器用自然的方式，帮你创造自信满怀。

·什么都可丢，青春容颜不能丢！无论是年龄、肌肤、个性，某某都给您最清纯的呵护！——抗皱去皱每日贴广告

·青春不是永无止境，生活并非完美无缺；某某把青春的梦想、生活的追求，揉成永恒的美……——丰乳器广告

·飘柔就是这样自信——飘柔洗发水广告

·十足女人味——太太口服液广告

·明星风采，纯纯关怀——美加净广告

·今年二十，明年十八——白丽美容香皂广告

……

这其实就是一种心理暗示，给那些爱美的女人们产生“超级成交”效果。几乎每一个化妆品广告都告诉你，“美丽”对你至关重要，因为它关系到你的爱情，关系到你的自信，关系到你的个性，甚至关系到你的追求。

虽然生活逻辑并不是如此。

你在销售你的产品时，别忘了用你的语言，激发客户的想象力。激发想象力的方法很多，比如压低声音，且发音非常清楚。你可以用到这些字眼儿："冰肌玉肤"、拥有"沉鱼落燕，闭月羞花"之美、"永葆青春""令肌肤永远柔嫩润滑""颜如玉"以及"还您一脸娇嫩的皮肤，使您再现青春的活力"等。你用你的语言，描述让她们神往的那种使用效果，以吸引购买者。

在现实的销售中，首先你要注意自己的仪态和装束，一定要干净整齐，给人意气风发的感觉。然后就是对产品和商品要非常了解，还要根据顾客的肤质进行介绍。要看人家是想买什么化妆品，是彩妆还是护肤品，护肤品中的哪一种，是洁面的还是护肤霜，是美白保湿的还是去痘消痕的。

当你赞美一位女士的时候："王小姐你很漂亮！""王小姐你的肤质很好！""王小姐你的眼睛真美丽！""王小姐你的衣服很漂亮！你的皮鞋很流行！"……当你赞美对方的时候，对方虽然不说，但心里是很美的，如果你批评她："王小姐你怎么长得这么难看！"她会很生气地瞪你一眼，并骂你一句："讨厌！"

人际沟通一定要谨记：你不习惯赞美不代表别人不习惯听赞美，别人不习惯听赞美不代表别人不要听赞美。

赞美，就是将下列对方身上确实存在的东西强调给对方听。

（1）优点与长处。当然，你没必要将他身上的缺点与短处讲给他听。

（2）你欣赏他的地方。尽管他有时自己都没有注意到这些。

（3）他希望你欣赏的地方。尽管有时它是你没有注意到，或认为并不重要的。比如，她穿了一套新衣服，也许你并不觉得怎么样，但如果你能说一句：“你的新衣服真漂亮，在哪儿买的？”对她而言就非常受用。

赞美并非一定是语言，有时一个眼神、一个手势或一个动作，也可以传递出同样的赞美对方的含义。

心理学和强化规律表明，赞美有不可思议的力量。当你与客户一见面的时候就要开始赞美对方。赞美女性可以赞美其发型很美，肤质很好，鼻子很漂亮，眉毛画得很好，嘴巴很性感，眼睛很有神，衣服很漂亮，皮鞋很流行，手机很特别，说话很甜美，身材很好，很有气质——从头到脚都可以赞美。赞美女性要多赞美细节和她身上的一些饰物，一定要很真诚，并告诉她你的感觉！

怎样“俘获”女人的芳心

请看下面这一则材料：

在经历了春节消费高峰的短暂回落后，省城商家们以庆祝妇女节为名，实则换季甩卖的营销策略再度掀起了一个消费高峰，沈阳各大百货的销售额都出现了近期的一个新高。有调查显示，社会购买力 70% 以上掌握在女性消费者手中。在很多的商业营销教材中，都有一个类似的内容，即若要激活消费市场，必先洞察时代女性的消费心理，把准女性的消费脉搏。

早在上周，距离妇女节还有一段时日的时候，省城商家们针对该节日的促销就已纷纷拉开帷幕。在太原街和中街等商贸区，“打折”“清货”和“迎接妇女节酬宾”的广告随处可见。

同时，针对女性特点，促销商品成了商家们近期共同采纳的一个“战术”——银行宣称推出专为女性使用的信用卡，保险公司大打“健康女人险”招牌，化妆品销售宣称推出专为女性设计的某款笔记本化妆品“轻又薄”……很显然，消费市场重现高潮，证明商家“抓女人心”的营销策略取得了相当的效果。

据悉，在时下沈阳开发的一些楼盘中，50~80平方米的小户型很受欢迎，而且渐成规模。其买主中有相当比例是单身人士，其中单身女性占30%以上。原因是，当今女性的社会地位和经济实力明显提升，而这类商品房可以满足女性消费者置业和投资的双重要求。

为什么女性会在消费市场传来比男性更具有影响力的“声音”？如果从消费对象考虑，女性有以自己为对象的消费和以儿女、丈夫为对象的消费，后者也可以说是家庭消费。

哈佛心理学家威廉·詹姆斯说过：“人类最基本的相同点，就是渴望被别人欣赏和成为重要人物的欲望。”每个人都有受尊重的需求，渴望得到他人的赞美是人的一种天性。赞美可以化干戈为玉帛，赞美可以使陌生人变成朋友，赞美可以使对方感到温馨与振奋。俗话说“良言一句三冬暖”，与客户见面，简单几句赞美的话语，往往可以收到出其不意的效果。马克·吐温曾经说过：“一句赞美的话，可以使我受用两个月。”中华民族是一个含蓄的民族，大都没有赞美别人的习惯。我们常常听到“一切尽在不言中”之类的话语，真奇怪，别人又不是你肚子里的蛔虫，你不说，别人怎么能知道？很多人不习惯赞美别人，也不习惯被别人赞美。

如今，女性多掌握着家庭的财政权，很多的消费过程也是由女性出面实施的，所以，女性在家庭消费中掌握着较强的支配权。而这个过程往往能让女性感到一种个性的释放，她们会觉得在家庭和社会中具有较高的地位。

另外，女性心理与男性有很大不同。正如很多观点显示的，女性无论在个人消费还是家庭消费过程中都会表现出“冲动”和非理性，也就是说，女性购买欲望受直观感觉影响大，容易因感情因素产生购买行为。例如，女性在购物的过程中容易受到环境的影响；她们比男性更容易被广告的宣传打动；她们对商家的促销非常敏感，所以，一旦商家有打折的活动推出，总是不难见到女性消费者大包小包地出现。

做这一行，你得时刻研究女人想要什么，琢磨女人的心。最挑剔也是最有品位的还是白领们，时尚、活泼、大方都是她们要求的元素。一定要抓住女人心，我们提醒想要投资的人，平时要经常关注时尚杂志，富含流行元素的电视节目等，一定要站在时尚的最前沿。

“嗯，这种化妆品这里有啊，那天我在杂志上刚看到，很流行的，不错。”当你的顾客在你的店里这样称赞的时候，你也就成功了。

学会观察与聆听

如何才能在市场中胜出？是用传统的方式，介绍产品、派送材料，还是积极抓住客户的心理，进行超级成交？事实证明，后一种方法是成功者的选择！

作为推销员，我们要想一想，如果我是客户，对方是谁？因为什么样的关系，我才会跟他买东西？比如，我要买一套房子，或是买一辆汽车，或是买一份软件，我会找谁买？一定会去找专业人士，也就是专家。那什么样的专家，我会乐意跟他买？你发现，一定是他非常乐意为我当顾问的人，会建议我这样选择比较合适，那样选择比较不合适，并不是越贵越好，而是真正适合于我，所有选择都是真正在为我着想。所以，今天卖东西，光是专家还不够，还要能够成为客户的顾问，能为客户解答心中的疑难，真正为顾客着想。

当你面对两个推销员，一个一次就想什么都卖给你，营业额很高；另一个却只卖给你真正需要的东西，营业额却远不如前者。你说他们的老板会奖赏谁？当然是营业额高的！可是，谁才可以保持长久的生意？事实却是真正为客户着想的后者！

所以卖东西不是卖得越多就越好，可能客户爱面子，你让我买，不买也不好意思，所以这个包起来，那个也包起来，到最后买了一大堆，可下一回他还会来找你吗？因为他爱面子，更是不敢再找你，算是怕了你了。这样做下去的结果，就是把每一个大客户最后全都给得罪了。如果你的产品有很大的市场，你也只想做一次性的生意，那问题还不算严重，但如果你要做的是回头生意，是做持续性的订单，你就只有死路一条。你看看今天的百年老字号、百年老店，是蒙一次客，还是注重长久的回头生意？你会发现，都是注重长久生意的。

那么，沟通又是什么？让他明白我真正的意思，也让我明白他真正的意思。因此，我们有必要学会“观察与聆听”？你会发现，我们对客户的“观察与聆听”，往往会发生在见到客户之前。如果我们要去拜访一个陌生客户，我的观察，是先去阅读有关客户的资料。越重要的客户，我就要拿到越多的资料，没有掌握有关这个客户的丰富资料，你就不要去见这个人。

比如说，今天我要去拜见A公司采购部的某某经理，我们则先要了解，A公司是做什么的？它有什么经营架构？它现在的业绩怎么样？它们是怎样进行采购的？这个采购部的经理，是男的还是女的？长得俊不俊帅不帅？结过婚没有？有没有孩子？当我有了一系列资料后，我才去见他。

那这些资料哪里可以拿得到？各种精英们，我们可以有几种方式拿到我们所要的资料。我们可以从广告、网上、他的同行、他的朋友，或是从他身边的人等种种渠道获取资料。比如我先见到他的秘书，然后问：介不介意问几个问题，请问你们采购部的经理是男的还是女的？这样你会不会拿到你要的资料？会的。

观察与聆听是什么？就是要多问少说，不单要用我的眼睛，还要用我的耳朵，用我的感觉。那是不是什么都能问呢？不是。你应该围绕你的产品主题，从多个角度与客户沟通，最后直接或间接都会得到答案。

我们应该多问的是，戴先生，你在这家公司做多少年了？以前你们的产品是跟哪一家公司采购的？你们后来又为什么会跟他们停止合作了？是不是因为他们品质不好？除了现在用的这些型号之外，还有什么型号可以代替吗？你们关注的合理价位是在哪里？这些才是我们要问的问题。

第三章

自我修炼，让自己成为销售高手

伤害你并阻止你前进的并不是实际的失败或拒绝，而是对失败或被拒绝的恐惧令你望而却步，是你对失败或被拒绝的预先揣测让你无力前行，而所有的这些都将成为你实现目标道路上的阻碍物，你必须清除它们。

狼性推销之自我磨砺

我们常常感觉到，在见一个新客户时，我们会遇到不少挫折，产生许多挫败感。挫败感之一是缺乏经验。可是经验又是怎么来？不去做会得到经验吗？肯定不会。

如果你带领一个团队，里面有很多新兵，做事情或许会没有自信。那么自信是怎么来的？它来自于能力。能力又是怎么来的？是从我们的经验中来的。而经验又是怎么来的？是从做、从实践中得来。实践的经验又是从哪里来的？是从学习中来的。

比如一个刚离开学校的大学生或一个刚工作的新手，一般要见多少客户才可以签到单？100个吗？其实，100个也不一定能签到单。那么，如果他今天去见了100个人都是失败的，那他还会坚持吗？

那我们该怎么做呢？一般我们先为他定出三四个目标：第一个目标，当然能签到单是最好的；第二个目标，如果这次去签不到单，至少你要更了解这个客户，要能拿回关于客户的20条资料回来，在这个过程中你要多问；第三个目标，就算你没有问到20项资料，那么你至少能把你的名片、公司的资料留给客户，而且让客户会保存下来，而不是你一转身他就丢到垃圾桶内。所以，有些公司总会把自己的资料做得很精美，精美得让客户舍不得丢。

那第四个目标是什么？你至少留下一个能再拜访他的借口。这怎么做到？比如你发现顾客喜欢围棋，你就可以说："吴先生，原来你也喜欢围棋啊，最近刚出了一本吴清源的传记，叫《天外有天》，你有吗？没有？那好，下一次我带给你。"或是其他的话题："你也对这感兴趣啊，我最近刚在杂志上看了一篇这样的资料，可惜今天没有带来，这样吧，下一次我一定带来给你。"这样，就留下了一个下次拜访他的借口。

这样一来，你说我们有没有达到我们的目标？至少达到了几个小目标。成功还是失败？至少我们有了几个小成功。

虽然客户并没有签单，但至少了解了客户更多的资料。虽然客户很忙，正准备去开会，但我还是彬彬有礼地对待他，满脸微笑，不厌其烦。尽管客户本来并没耐心，也不诚心见我，但我还有他需要的东西送给他，尽管是下一次。虽然我是新兵，但我给客户的印象，则是淡定从容，按部就班地做好要做的事，而且完全是从客户的利益出发。你想一想，客户对我会有什么样的感受。

那我又如何能拥有那么多的知识，客户懂围棋，我也得懂围棋，客户懂音乐，我也得懂音乐，怎样才能懂得那么多？其实，现在拥有相关知识的途径有很多，你可以利用团队中成员各自的喜好，从而收集你需要的资料，也可以在网络上检索，键入一个主题词，你要的资料要多少有多少。

或者，还没找到足够的资料，你就要去拜访他了，或他已经来拜访你了，你则可以从他身上找到足够的资料。比如说现在，各位从我的身上，要找出十条可以谈话的资料，你会找到什么？一是领带，你的领带好漂亮啊，是什么质地的？在哪里买的？价格是多少？我也很想买一条送给我的男朋友。二是皮鞋，你的皮鞋怎么这么亮？用的什么鞋油啊？三是身材，你怎么这么瘦？你是如何保持体型的？还有呢？发型、眼镜、西服、笔……

曾经有一次，我到一家公司去谈业务，谈的是培训费，做三天，费用是6万到7万之间，这对一家小公司来说，并不是一个小数目。当我到他那儿时，我发现总经理正在用钢笔写东西，我就在旁边等着，直到他写完，把笔放好，我才说："黄总，已经很少有人用钢笔了，我跟你一样，我也喜欢用钢笔。"他一听到我这么说，眼睛一下子亮了。这只是一句很普通的话，我也喜欢用钢笔，之后我把我的钢笔拿了出来，并对他说："我就感觉到，用钢笔写字比较有写书法的感觉。"这使他更加来了兴趣："你也喜欢书法？"于是从汉隶，一直聊到唐草，再从草书，聊到魏碑，再聊到正楷。聊了很长时间后，然后问你有什么事？哪个月比较合适？连价格都没问。这是为什么？是因为我们建立了一个感觉良好的关系。

可以从客户身上来找资料。比如，我到一个客户的办公室里面，看到他房间与桌面上收拾得非常整齐，背后是一个书架，里面摆满了"成功学"，墙上则挂着一副对联："岂能尽如人意，但求无愧我心"，对这样的客户，你应该说些什么？好了，回过头，你再到另一个客户的办公室，发现房间一边竖着一个钓竿，另一边则满满排着各种各样的小摆设，挂着一张照片，还有一个冠军杯，边上还有一个空鸟笼，里面摆着一只茶壶。请问，对这样的客户，你又要与他谈什么？

对前面一个人，你会与他谈休闲、消遣、娱乐吗？不会！我们要谈工作，工作要认真，做事要努力，人生要奋斗。而面对后一个人，你则应该跟他谈家庭、谈娱乐，人生要活得开心、活得快乐。如果他拿一个空鸟笼里面养一只茶壶，你会与他谈什么？当然是谈茶壶，谈工夫茶啦。这就是在观察中找谈话资料。

既然关系建立在感觉上，我就先让他有这份感觉。这样会不会显得虚伪，见人说人话，见鬼说鬼话？其实不是的，比如今天我一进去，发现客户是不喜欢鸟的，我会不会跟他谈鸟？不必谈啊，可以在其它方面找到一些客户喜欢的东西。

通常一个销售员的性格是很需要外向、开朗、灵活的，一个很内向的人，是不太适合去做销售的。因为一个外向的销售员，总能够从客户身上找到许多共同的喜好与共同的话题。

所以我们要扩大自己的喜好，扩大自己的视野，扩大自己的见识。那你想想看，我这样去谈，我是真还是假？我是真情流露，还是蒙骗过关？我谈的都是真事，越谈就越开心。你会发现作为一个销售，今天谈围棋，明天谈数码，后天谈钓鱼，都是我喜欢的，这样做一个销售员，你说我开心不开心？我会喜欢这门工作吗？又有玩，又可以签到单，我当然又喜欢又开心啦！

有雄心的人，业绩总是出奇的好

通常乐观主义者们对最终胜利的期望值都很高。并且，他们越是保持乐观，就越会变得雄心勃勃、斗志昂扬，做起事来也就越坚决，因此雄心就成了乐观主义者最为重要的一种表达方式。要想在销售领域或其他领域获得巨大的成就，应具备的最重要因素就是雄心，它可以帮助人们更好地订立目标、获得勇气并坚持不懈地向目标奋进。

在销售中，雄心显得尤为重要，因为你一旦拥有了这一特质，那么前进道路上的所有障碍和困难就很容易被清除、克服。

那些有雄心的人，在销售方面都有一个显著的特征，就是他们都有远大的梦想，志向高远，他们都认为自己有能力在自己所属的领域内成为最优秀的人。他们知道，销售总额 80% 的业绩是由那些位于销售领先之列的占总数 20% 的销售人员创造的，他们也下定决心要加入这前 20% 的行列。

雄心勃勃的销售人士能够非常乐观地面临自己所有的机遇以及实现销售的可能。他们坚信，自己一定能够完成销售目标。并且，他们有决心达到目标。对他们而言，唯一的问题是：我应该怎样去做呢？

涉足销售领域，对你来说最重要的可能是为了追求个人的卓越，让自己成为自己所在领域里最优秀的人才之一。那么，让我们从今天开始下定决心进入领先的 20% 的群体吧！不论是在销售方面还是在收入方面，最后再让我们一跃闯入前 10% 的行列。

我的命运在我二十八岁的时候，因为一个想法而彻底改变了，后来在经过数年的努力与打拼之后，它又一次突然闪现在我的脑海中：今天那些排名位于销售前 10% 的人，都是从销售位于最后的 10% 做起的，无一例外。

如今做得非常好的人曾经可能做得最差。在你所处的领域内那些销售业绩特别优秀、突出的人，以前所拥有的业绩还不如你现在所拥有的。也就是说，假如把人生比作排队享用自助餐的话，那些排在队伍前头的人也是从队伍后面开始排起的，一点点走到了前面。

谈到这里，问题出现了，我们要怎样做才能最终排到自助餐队伍的前头去享用那里的美味佳肴呢？答案非常简单，它只需包含两个关键步骤：第一，排队！第二，一直排下去！

但是令人感到吃惊的是，那些想要排到队伍前面的人中，有大部分人对那些已经享受到美味的人们持羡慕或嫉妒的心态，并没有加入到排列的队伍中去。他们并没有意识到，人生就像自助餐，要自己动手才能吃饱吃好。

那么如何才能排到队伍当中去呢？第一要下定决心在自己的领域内成为优秀的一员，其次拿出实际行动去学习任何你应该学习的、可以促使你进步的知识与技能。

那么当你进入队列之后，怎样做才能排到靠前的位置呢？这就需要坚持——要求你能够在队伍中一直坚持排下去！一旦你下定决心要成为行业里的优秀分子，那就请你一直在队伍中排下去吧。你要一直保持一只脚在前、一只脚在后的冲锋姿势。任何时间都要坚持学习新的知识，掌握新的技能。还要努力提高自己的推销能力，坚持每天都有进步。

幸运的是，人生自助餐的队列，对那些后来的人从来不会禁止，到达成功的大门也从未关闭！自助餐的队伍一天二十四小时都在向人开放着，而且一天二十四小时都在向前移动着。假如你已加入到队伍中，并一直坚持不懈地排下去，那么无论是任何事情、任何人都不能阻止你前进的脚步。最终，你一定能在你所属的领域内名列前茅、崭露头角。假如你信誓旦旦地承诺追求卓越，并对此坚定不移的话，最后，你必会成为行业中技艺最高超、收入最丰厚的销售人才之一。

现在你就站在人生的岔路口上，请你决定吧！你能否做出一个清晰、明确的决定，对你将来是成功还是失败起着重要的作用。告诉自己，我将会成为行业内最优秀的人；然后，再用坚持不懈的努力和坚定不移的决心来支撑这个决定，直到你达到自己目标的那一天为止。

具体来说，你可以通过以下方法来训练自己：

坚持每天列一张清单，将自己当天所做的所有有助于实现销售的工作全部列进去，详细描述你从制订最初的计划到让客户感到满意，直到完成一次销售的过程。

对清单上所列的各项工作进行回顾，并在每种销售技巧方面为自己打个分，可以从 1 分到 10 分不等。让你的老板也对你的销售工作进行评估。

接下来，问自己这样一个问题：假如我能将它做得更好并且一直努力坚持做下去的话，就会对我以后的销售工作起到极大的推动作用，这一销售技巧是清单中的哪一项？

上面所讲的这些问题正是你在自助餐的队伍中能否前进的关键所在。你可以带着这个问题去请教你的老板、同事或者你的客户。你必须要找到问题的答案。一旦找到答案，你就应当将发展这一技巧作为自己的目标，将这一目标写在纸上，然后为实现这个目标设定一个期限，并且制订一个合理的行动计划。每天都致力于将这一关键技巧做得更好，直到你真正对它驾驭自如为止。

在这个世界上，有太多的人每天祝愿着、希望着、祈祷着自己的生活越来越好，但他们却忘记了做出那些能使他们走向成功的抉择，也没有孤注一掷的勇气与力量。

在生活中，你常常把自己想象成什么样子，就会向那个方向发展，最终你就会变成那个样子。正是基于这个原因，假如你不断地告诉自己要成为某种样子，一般情况下你就会实现自己的愿望。所以，现在你应该一直重复不断地对自己说："我是最棒的！我是最棒的！我是最棒的！"直到这句话在你的生活中变成现实。

战胜困难，勇敢前进

每个人都想获得幸福和成功，但却很少有人知道这二者的最大敌人就是恐惧、摇摆不定和怀疑。正因如此，顶级销售人员一直都在与恐惧抗争着，恐惧正是使大多数销售人员望而却步的东西。在你前进的道路上，存在着的最大障碍就是恐惧，它可以分为两类：其一是对于失败或损失的恐惧，其二是对于批评或拒绝的恐惧。这二者都是有待我们去努力克服的最主要的敌人。

实际上，人们对许多事情都心怀恐惧。比如你所认识的人，他们在某种程度上都是害怕失败和被拒绝的。事实上，英雄与懦夫的区别不过是英雄比懦夫多了几分钟的勇敢而已。一般人遇到恐惧都会选择绕道而行，从而避免自己心生恐惧；但那些勇敢的人却会强迫自己去面对恐惧，迎接挑战，去做那些常人感到恐惧的事。

"如果你不去做你所畏惧的事情，那么恐惧将会左右你的人生。"演员葛莱恩·福特曾说。

拉尔夫·沃尔多·爱默生曾说，当他读到"如果你想要获得巨大成功的话，那么做你所害怕的事情，并将这作为你的人生习惯”这句话时，他的人生也就随之改变了。

失败的恐惧，是令你止步不前的最大障碍，它就好比是在说“我不能”时的感觉。面对恐惧，你可以一遍遍地重复与之相反的一句话，例如 “我能！我能！”从而将这种感觉中和。对于恐惧这种感觉最有效的中和方法就是对自己不断地重复说：“我能做到！我能做到！”直到你真正相信这句话为止。

不管怎样，当你开始重复这句“我能做到”时，你的恐惧就会随之减退，而自信心则会随之增强。而当你不断地对自己说“我喜欢我自己！我是最棒的！我能做到！”这几句话时，你的自尊和自我形象将会被提升到连你自己都无法想象、势不可挡的地步。一个高水准销售人员的形象就会在你内心建立起来。

在这之后，就像爱默生所说的那样，“去做事吧，你将会拥有一股神奇的力量”。

要克服任何恐惧的关键之处就在于此。与其让自己一直坐以待毙，直到觉得自己拥有了足够的勇气去战胜恐惧，还不如去做那些让你感到恐惧的事，那么勇气就会不请自来。这正如亚里士多德所说：“假装你自己早已拥有了所期望的能力，那么你在做事时就会真的拥有这一能力。”

找出阻碍你全身心投入到所属领域销售工作以及无法获得成功的最大恐惧是什么。一般情况下，至少有一种恐惧会潜藏在你的头脑里。

作

现在想象一下，你根本就没有这种恐惧。想象一下你在自己 有上获

的各个方面都完全不存在任何恐惧，你保证自己会在所做的

得彻底成功。假如你没有什么可以畏惧的话，你又将会有怎样的表现呢？

不管你给出的答案是什么，从现在起，假装自己根本就不会失败，那么你将会发现自己真的能够无往而不胜了！在你真正要做到某件事之前，先假装自己已经做到了。

全神贯注地进行销售

顶级销售人员对他们的企业、产品和服务，以及他们的客户都非常有信心。特别重要的是，他们相信自己，相信自己具有获取成功的能力。

你能否说服其他人，让他们相信你确实在为他们着想，很大程度上取决于你对自己产品的价值或服务价值的信任程度。销售人员的工作经常被人们称作是“热情的传递”。对于你要推销的产品，你越是充满热忱，充满信心，这种热情就越能感染他人，从而使你的客户能够真切地体验到你的这份热忱，并接受它。

人们在开始做一件事或说一番话时，都是先从情感角度出发的，这也正是“关注”是成功实现销售的一个决定因素的原因。曾有人说过：“只有在了解你到底有多关注之后，才会去关心你知道多少。”我们都知道，对自己的工作越是喜欢，你就会越在乎这份工作。假如你能够对公司、产品和服务倾注足够多的心血，你自然就会从心底里在乎你的客户；而你一旦从心底里真正在乎你的公司和客户，你就会悉心帮助客户在采购方面做确的选择。

你已经实现了自己日思夜想的那个样子，那么接下来你就应该翻来覆去地重复这句话：“我爱我的工作！我爱我的工作！我爱我的工作！”重复的次数越多，你就会越乐于从事销售工作，从而在销售工作中得到的快乐也就越多。同时，更多愉快的收获将会促使你将工作做得更出色，对客户更加全心全意。这样时间久了，你的销售工作就会逐渐变得简单化，而你每天的收获却不会减少。

“我喜欢我自己，我也热爱自己的工作！”这句话是我本人非常喜爱的，并且一直沿用至今。我每天从早晨起床出门到一整天的工作结束，都在不断地重复着这句话。重复的次数越多，我对自己的感觉以及自己所做的每件事的感觉就越好，越有信心。如果不信，你可以自己试试看。

那些顶级销售人员无一例外地都很喜欢他们自己，也热爱他们的工作，并能够让他们的客户在与他们交往中切身感受到这一点。这样做的结果就是，这些客户不仅一次购买他们的产品，还很愿意多次购买他们的产品，并且愿意将他们推荐给其他朋友。

假如你想要激情澎湃，那么就请激情澎湃地行动吧！假设你手中的产品与服务是世界上质量一流的、价格优惠的，那么一整天下来，你将会在与客户的每一次交流中有什么样的表现呢？

全身心地投入到你的销售工作中去吧！假定你正在接受拍摄，而这一录像将在全国范围内直播，而你作为众多优秀销售人员中选拔出来的销售模范，将会在镜头的跟踪下实地进行销售。那么，你又将会怎样对待每一位客户或是潜在客户呢？

不论你给出怎样的答案，请你每时每刻都这样训练自己

将自己的角色定位成一名真正的行家

优秀的销售人员会将自己看作是咨询顾问，而非推销员。他们认为自己是为客户提出建议、提供帮助以及咨询的人，是客户的朋友。他们认为自己最应该做的是为客户解决问题而非其他任何事情。

或许，别人对你有什么样的感觉以及什么样的看法，直接决定了别人买不买你的产品。从市场学的角度来讲，这一点被称为“定位”，就是指当你不在场的时候，客户向其他人提及你时表达出的对你的看法，以及他向别人描述你采用的那种方式，而他所说的这些话就决定了你在客户眼中的定位。

客户中的半数以上都曾被问到：“对卖给你产品的那些优秀的销售人员你是怎样看待的？对他们你有什么样的特殊感觉吗？”通过客户的回答，我们发现极为普遍的一种说法就是：“这些优秀的销售人员是将自己看作咨询顾问，而非推销员。”在客户眼中，这些优秀的销售人员被看作是自己个人生活以及商务活动中不可或缺的信息渠道。

这些在其各自领域被称为行家里手的销售人员，对客户提供的产品方案和服务方案都能得到客户们的极度信任。问题的关键就在于你一旦被客户当成了顾问和朋友，那么不论你的同行从产品或服务的价格到具体内容，与你存在着怎样的差别，客户都不会弃你而去，做出其他的选择。

在事业的初期阶段，我发现了一个令人吃惊的心理规律。人们在大多候或在双方刚刚开始接触的时候，他们都会接受你对自己所做出的评价。

在刚开始不管你怎样评说自己，怎样描述自己，人们通常都会毫无异议地表示接受。而接下来他们要做的事情就是观察你的行动，通过行动来确定你所说的与你所做的是否一致。

举例说，如果你告诉我说你一直都是个守时的人，那么我会相信你所说的话，因为我没有任何理由不相信你。接下来，我会去观察你的实际行动，从而看你到底有多守时。如果你能保持言行一致的话，对这个关于你的真实描述我就会心安理得地接受。

当我初次学到这条成为咨询顾问的规律时，我决定立刻将它付诸实际行动中。在此之前，我曾经向别人介绍自己是一个推销员，我从潜在客户那里得到很多不同的反应。在接下来的一次客户会见中，我对这位潜在客户说："谢谢您能抽出时间来见我，但请放轻松，我不是到您这里来推销东西的。我认为自己更多的是一个咨询顾问而非推销员。所以我唯一想要做的事就是问您几个问题，并从中判断我公司可以在哪些方面帮助您节约成本，所以我始终认为自己是一个顾问，而不是一个推销员。"

在我第一次在客户面前说我不是一个推销员而是一个顾问时，我得到了客户给予的与以往不同的待遇。他们会请我去喝咖啡，邀我一同共进午饭，当我询问他们有什么需求时，他们也会认真地听我说，对我的回答也极为坦诚。他们会很高兴地从我这里采购产品，并且还会把他们的朋友介绍给我。除此之外，他们还会邀请我与他们的家人共进晚餐，这也意味着我在他们的心目中已经处于一个完全崭新的位置了。

让我们从现在开始，把自己当成是一名顾问吧。不管是你的言谈举止，还是你的穿戴打扮、行头装备，都让它们像是一个拿高薪的高级顾问的样子，因为你在你所属的领域里也确实是一位专家。因此，当人们再问起你的职业时，请你骄傲地告诉他们："我是一名顾问。"

前不久，我将这个规律教给了我的一位朋友——从事屋顶材料销售的公司经理。对这个主意他表示非常喜欢，所以他一回到办公室，就将所有写有销售人员的名片全部换掉了，新名片上写着："室外材料咨询顾问"。

后来他告诉我说，在那之后不到一个月的时间里，他整个公司的工作氛围就焕然一新了，销售员们相互之间的交往与以往也开始有所改变，而当销售人员开始将自己看作是咨询顾问时，他们在客户面前的表现也与从前大有不同。当这个变化仅仅发生一个月之后，他们公司的销售额就比以前提高了30%。

请记住自我形象心理规律的第一条原则：你把自己看成是什么样的人，你就会成为什么样的人。你内心深处对自己怎样看待，你的自我形象就会是什么样子，会对你的外在表现起到非同一般的决定性作用。

你的定位，在潜在客户与现有客户的眼里最好就是一名专家，也就是一名你所属领域的专业技术权威。你的客户会将你看作是一名咨询顾问，身为顾问，你所提出的宝贵建议就能帮助他们在工作或生活中节约成本、提高效率。当你的言行举止已经像一名顾问时，你就已经使你自己从那些认为自身仅仅是一名推销员的人群当中区别开来了。这就表明你已开始朝着你所在领域的销售前10%大踏步地迈进了。

让我们从现在起，将自己看作是你所从事的行业里的咨询顾问。当你在面对那些潜在客户时，请不要试图先向他们推销你手中的产品或服务，而是询问他们现在在做什么，想要达到什么样的目标，之后你再去寻找各种途径，用你要推销出去的产品来帮助他们达到他们的预期目标。

请将自己定位为一名顾问，为那些潜在客户出谋划策，对他们所应该采取的行动提出你的宝贵建议。在与客户交谈时，请注意使用“我们”“我们的”这样的字眼；而当要对他们提出建议或进行相关推荐时，可以这样说：“对于我们现在的情况，我愿意提出以下建议……”身为顾问要设身处地地为客户着想，为他们提供帮助和好的建议，而不是一味地向他们推销产品。

最关键的是，将自己定位成一名问题解决专家。将你的注意力尽可能全部集中在找到潜在客户现存的问题上，并可以用你的产品或服务作为理想的解决方案对客户的这些问题进行完美地解决。我们在推销产品时，要先找出这些问题，然后再向潜在客户展示他在采用了你的产品或服务之后将会得到什么样的好处。

认真对待每一次拜访

不论你在哪个领域，未雨绸缪，提前做好精心准备，有备而来都不失为一种专业的标志。那些拿高薪的销售人员，每次在拜访客户之前都会将所有的细节仔细回顾一遍，任何客户都不例外，他们会对客户以往的拜访记录进行研究，认真阅读从潜在客户处收集来的介绍与信息。因此当他们与客户交谈时，一开口便能让人立刻感受到他们的确是有备而来的。

再者，那些拿低薪水的销售人员在与客户交谈时，总是试图依靠最少的准备而蒙混过关，他们在会见客户时总是试图“即兴发挥”，在他们看来，潜在的客户是不会注意到这一点的。然而潜在客户与现有客户一样，对一个人是否是有备而来的非常敏感，因此，请不要让这种缺乏事先准备的情况发生在你的身上。

要时刻清楚，你现在的目标就是要成为你所在领域销售的前 10%。为了实现这一目标，你必须做前 10% 要做的事，周而复始，一刻也不能松懈，直到这样的事情做起来得心应手，如同呼吸一样轻松自然。而且，顶级销售人员在每一次与客户接触时，都会准备得相当充分。

客户总会对上门拜访的真正专业的销售人员记忆深刻，因为这些销售人员对于上次他们之间的谈话内容会记得非常清楚，很显然他们在拜访结束后对谈话做了认真总结。

那么你是否愿意为拜访客户去做精心的准备呢？你是否有能力对此进行精心的准备呢？这些问题与你今后能否成功和获得你想要拥有的财富息息相关，也是至关重要的。我们要遵循的原则，就是只要心存疑问，就必须进行大量的准备。在拜访客户前你所做的这些大量准备绝对不会让你后悔。你在准备上付出的努力与你在客户那里的收获是成正比的，你准备得越充分，获得那单生意的几率就越大。

成功销售所应该做的准备

我们强调事先做好准备，那么成功实现销售所应做的准备应该包括哪几方面呢？它主要包括三个方面：拜访前的调查研究、拜访前要明确目的和拜访后的分析。

1. 拜访前的调查研究

这是要准备的第一个阶段，你应该尽可能多地收集潜在客户或是潜在客户所在公司的信息。你可以通过因特网、当地图书馆、报纸或其他渠道来收集这些信息。而且当你在收集某个公司的信息时，你可以前往那里进行拜访，也可以请那个公司的人将他们近期用来开拓本公司市场的产品信息小册子以及其他一些有关销售的资料寄给你。你拿到资料后，要通读这些材料，并对其中的主要观点进行记录并加以分析。你的前期调查研究工作做得越充分，在最后坐下来与客户交谈时，你的发言自然就会越发显出你的信息灵通、思维敏锐。

假如你所面对的客户是一个商业企业，那么你要竭尽所能地去了解这个公司的产品、服务、发展史、竞争对手，以及现在正在进行的商业活动。我们做事的原则就是，假如你的信息准备得尚且不够充分，那么请你不要向你的潜在客户提出任何问题，没有什么问题能比类似于“你们公司是做什么的”更能瞬间抹杀客户对你的信任了。

这种问题一旦问出口，就意味着你在告诉潜在客户：你并没有花费任何精力与准备对潜在客户做调查研究。当你初次与客户接触时，我想这绝非是你想要向客户传达的第一手信息。

2. 在拜访前要明确目的

要想实现销售目标，首先就应该明确自己的目标是什么，并且时刻谨记，这就是我们要准备的第二个阶段。在此阶段，你应该预先对拜访的各个细节进行仔细思考，认真计划。你可以设想一个这样的情景：你们的销售经理正同你一起关注着这个客户，在你准备动身拜访客户之前，他问：“你将要和谁见面？你将要问他一些什么事情？通过这次拜访你希望得到一个什么样的结果？”

对上面这些问题，无论你会给出什么样的答案，在拜访潜在客户之前，都是值得你认真思考并得出结论的。对你而言，最好将你要说的话写在纸上，以便在你与客户交流的时候，将这些问题毫无遗漏地提出来。对那些精心准备了书面提纲的拜访者，客户们是非常愿意接待和喜欢的。

在这里，我要告诉大家一个非常不凡的技巧，它已为大多数顶尖销售专家所采用，它就是在拜访客户之前准备一个“日程安排”。按照从全面到具体的先后顺序，将你所要问的问题全部列在一张清单上，并在这些问题之间都留有空隙，以方便那些潜在客户记笔记。

当你与那些潜在客户会面时，应该说：“谢谢您能在百忙之中抽出时间来见我。我知道您的时间非常宝贵，所以我为我们的这次见面拟定了一个日程安排，我们可以就上面的一些问题逐项进行探讨。这是您的那份。”

对这种方式客户们是非常喜欢和赞同的。因为这样做即表明了你尊重客户的时间，同时还表明了你对这次会面预先进行了精心的准备。然后你就依照这个日程安排，将问题逐一拿出与客户探讨，对客户进行询问，并且在这个过程中你可以随时提出新的疑问。如果这个办法能够得到正确实施的话，那么你就会达到你想在客户心目中成为的“理想定位”，即做一名真正的专家和真正的咨询顾问，而非一名销售人员。这一方法对此有着极大帮助。

3. 拜访后的分析

这是为成功实现销售所做的第三方面的准备。在对潜在客户进行拜访后，应立即拿出一些时间来回忆刚刚结束的这段谈话中的每一个信息，并将它们一一写下来。在这方面不要过于信任你的记忆力，也不要等到一天的工作全部结束后再去回想与客户谈话时的情况。要立即将你所能回忆起来的每一件事情都写在纸上。迟早你会发现，这样的记录对于你将一位潜在客户发展成真正的客户会起到多大的帮助。

当你再次拜访这位客户之前，请将你上次对他的所有记录花几分钟的时间认真回顾一下。这可以看作是“将思维的枕头拍打得松软一些”。假如你这样做了，你就会变得思维敏捷，对这个客户和他当前的状况也会胸有成竹。

为了确定你的潜在客户是否需要你手中的产品，你需要向他们询问一些问题，对于这些问题请准备一份详细的问题清单。在你第一次拜访客户之前，要回顾一下这个清单，并通过此清单来引导你，使你在与客户交谈时有条理而且不偏离主题。

为将要与客户进行的会面准备一份“日程安排”，并将这份“日程安排”写在有你公司抬头的纸上。将潜在客户的姓名、所在公司的名称、会面日期和时间都列在前面。在会谈开始时，将一份展开的、整洁的“日程安排”附件呈给客户，并依照 “日程安排”展开会谈。你将会为此次会谈的结果感到欣喜异常，所取得的效果也会超乎你的想象。

奋发促进推销走向成功

认真对于奋发的人生有着举足轻重的意义。优秀的推销员对所推销的商品认真，对顾客认真，也对自己很认真。因为，他们知道对商品不认真，就有可能卖出质次价高的商品，破坏自己的名声；对顾客不认真，就会忽视他们的需求，最终将无法实现成交；对自己不认真，就可能虚度年华到头来什么都干不成。所以，无论在哪一方面，哪怕是一些极微小的细节，比如记住客户的电话等，他们也会认真对待并时刻进行反省，不允许自己存有一点疏忽。

除此以外，奋发向上的人都努力保持着一种积极乐观的心态。在他们的世界里没有任何否定语，无论顾客是什么想法，提出什么样的要求，他们都不会立刻给予否定。在他们的世界里，“我办不到”“不能”“但是”等这些否定词根本不存在，他们清楚否定别人就意味着否定自己的能力，这就一定会令自己的能力受到压制甚至是扼杀。因此，他们对一切事情，即使是非常困难的事，也都从好的方面去设想，绝对不会轻易放弃。在这一点上的异同表现会直接导致推销人员不同的结果。

以前，有两个推销员一同被派到同一个地方去推销鞋子。在到达那里以后，其中一个人马上就垂头丧气，给公司发了一封极消极的电报：这里没有市场。另一个人的反应却恰恰相反，他欣喜若狂，十分激动，也马上给公司拍回一封电报，但是电报的内容却是：这里市场前景十分广阔。

同一片市场为何会得出如此悬殊的结论呢？这主要取决于两个人的心态不同。原来，这里的居民因为某种原因，一直光着脚，不穿鞋。头一个推销员看到这一场景，立刻从心底接受了这一习俗，“他们都光脚一定不需要穿鞋子，也就不会买了”，事实上这就否定了他自己。而另一个推销员却是以相反的心态，站在另一个角度来看待这一现象的：“他们现在都光着脚，自然也就没有鞋子，可能缺乏制鞋的能力，所以，如果我能说服他们，让他们穿鞋子，那么，这里的市场潜力就真的非常大了。”正是因为这两种不同的认识，导致了他们推销的结果有天壤之别，虽后者冒了一定的风险，假如他的说服失败了，就意味着白白浪费掉一些人力、物力与时间，但假如他的努力取得了成功，其回报却是极为丰厚的，这种影响恐怕是第一个人做梦也想不到的。

由此可见，拥有乐观的心态是奋发者一个共同的本质特点，它能使人们走出困境并最终获得辉煌的战绩。生活中也一样，谁都不会风平浪静、快快乐乐地度过一生，反而各种失败与挫折会时不时地降临。所以，如果是用消极的态度来看待这一切，那生活必然是一片灰暗，但如果你能用积极的心态来对待它，你就会发现人生随处都可自由求变，面对各种困难时，换换角度，可能就会出现海阔天空，会发现前景依旧很美好。所以，在做推销这种极易遭遇伤害的工作时，必须对奋发这一点有更深层次的体会。

日本推销大王原一平有着被誉为“值百万美金的笑容”，他也是日本第一个靠推销保险在国际市场上赫赫有名的人物，被称为“推销之神”。

原一平从 25 岁起就到明治保险公司从事推销保险的工作，在他 30 岁时，创造了全国拓销业务第一的业绩，自43岁起，连续做了15年的冠军推销员。鉴于他的辉煌业绩无人能敌，所以被推选为“佳绩俱乐部”的首任名誉会长。自1949年至1976年，他一直都是百万美元推销员俱乐部的会员，后来又被推举为该俱乐部的终身会员，曾经获得过“四等旭日小绶勋章”。

下面是他成功的一些经验之谈：

（1）任何人都可能遭遇失败。但是，假如因此而害怕失败就畏缩不前，那么，最终就将一事无成，再也不会成功。

（2）当一个推销员常常担心将来或许会遭遇到失败，久而久之，他担心的已不是失败，而是他自己本身。

（3）假如失败到了一定程度，你将举步艰难，从此再也实现不了你的“成功之梦”。

发掘优秀推销员身上的闪光点

推销员是企业与市场沟通的联络员、信息员、宣传员以及决策者。推销员要想同顾客达成交易，就必须具备高超的推销技巧和较高的综合素质。

在现代竞争异常激烈的市场经济中，一个合格的推销人员需要有以下素质：

1. 良好的道德素质

这是指推销员要有正确的经营观念和优良的职业道德，还要有高度的责任感与强烈的事业心，同时要保持为顾客服务的意识。推销人员接触面广，情况十分复杂，一般情况下又是“单枪匹马”，会遇到各种困难、挫折，以及冷酷的回绝。这就需要他们充分发扬“马不停蹄跑，千辛万苦干，千方百计讲，不择手段销”的精神，能够做到上天入海、进山出关，常年奔波在全国各地。青阳电扇厂供销科长丁才泉与其他供销人员出差时，身边总是带着“七件宝”：产品样品、广告牌、产品配件、修理用具、产品使用说明书、合格证以及省优质产品证书照片，他们边宣传边推销边修理。迄今为止，这家工厂的产品行销到 16 个省市并且一年四季供不应求。

2. 敏锐、深刻的洞察能力

鉴于市场与顾客的情况十分复杂，除了差别大，还受各种因素制约，所以，一个优秀的推销人员要具备一定水平的观察与分析能力，做到眼观六路、耳听八方，能够及时把握本企业所经营的产品的市场行情，为企业提供全国同类产品供销情况，以便不断更新、扩充产品，提高企业的竞争、应变能力。安徽桐城杨湾兽药厂推销员张德维，在一次旅途中获悉淮北地区为牲畜看病缺乏葡萄糖注射液、硫酸庆大霉素与链霉素，他立即组织原料，抓紧生产，仅一次就在当地销了价值 13 万元的产品。同时，该厂的兽药品种也由原来的 5 个扩大到 23 个。

3. 良好的服务意识

推销员既是企业的代表也是消费者的顾问。因此，要能够想顾客之所想，急顾客之所需，不辞辛苦，积极主动为顾客提供服务。要树立“顾客就是上帝”的思想意识，并将服务精神贯穿于推销活动的始终。

4. 说服顾客的能力

推销员要想成功说服顾客，必须以下列三个先决条件为基础进行推销：

（1）保持自信；

（2）对你的产品充满信心；

（3）对自己所代表的企业充满信心。

只有做到这三点才会产生积极性和能动力，才能成功。反之，不自信就无法让自己勇敢地面对客户，不信任自己的产品就无法将它推荐给客户，不信任自己的公司就会影响整体公司的形象。

具备丰富的推销知识

推销员作为企业经营的专门人才，承担着多方面的职能。所以，推销员必须具备旺盛的求知欲，要热爱学习并不断完善推销所需要的专业知识。

1. 企业知识

推销员应熟知企业的历史和其在同行中的地位，包括企业的销售策略、商品品种以及服务项目；企业的订价准则、交货方式、付款要求及保修方法等相关销售知识。

2. 商品知识

推销员要掌握商品一些基本知识，包括性能、构造、用法、用途、修理和管理程序等知识；同时，还要掌握一些同类产品的特质。比如下面这个案例。34 岁的王建国是某村办罗厂的厂长兼业务员。他刚上任就到天津和某橡胶厂签订购买罗网的有关合同，别人问他："你厂可以生产多大拉力的网？网的最高含碳量是多少？经得起多高的温度？"王建国呆掉了，财路就此断送了。通过这个小案例，我们可以知道，王建国之所以会失败，原因就在于他缺乏商品的专业知识。

3．用户知识

推销人员应掌握什么人具有产品购买决定权，他的动机与习惯以及采购运用的方式、条件和时间等情况。某位推销员同采购经办人商谈了将近6个月，但始终没有达成交易。最后，他搞清楚了原来购买设备的大权掌握在总工程师手里，而不是采购人员那里，就改变了做法，在同采购人员继续保持密切联系的同时，他积极和总工程师进行了业务洽谈，最终将设备成功地推销出去。

4．语言知识

这主要指对语言语体、语法修辞、语言技巧等的掌握。语言是推销员与顾客进行交流的首要工具，对产品能否成功推销有着重大意义。比如，某厂进行菠萝块罐头出口，把"碎块"一词翻译成"破烂"，外商见了呆若木鸡。另有一家出产名酒的厂家，居然把"历史悠久的中国名酒"翻译为"迂腐过时的中国酒"，这样的话，世界上哪个外国人愿意掏钱来买"迂腐过时"的产品呢？

同时，推销员既然要推销产品就必须同顾客交往，这就必须注意人际交往中的礼貌问题，要懂得使用礼貌语言。

5．各地风俗民情

俗话说"入境问禁，入乡随俗"，推销员全国各地跑，就必须要懂得各种民族、地区乃至不同国家的风俗习性，这样在跟这些顾客交往时才能得到别人的信任。

如西方人忌讳数字“13”，因此西方人在每月的13号（特别是正好这天又是星期五）一般不会举行任何活动。荷兰人以12号A来替代13号作为门牌号码；英国剧院的座位不存在13排、13号；法国巴黎的戏院会在12排与14排之间开一道走廊替换原本应该存在的13排。总的来说，医院不存在13号病床，大楼不存在第13层，人们在每月的13日不出门旅行，最忌讳的是13个人一同享用晚餐。如果你要推销出口欧美的产品，这些就必须牢牢记住。

6. 美学知识

追求美是人的天性，每个人都是讲究“美”的。因此，推销员想要圆满地完成推销任务，更好地为顾客提供服务，就一定要具备一些美学知识。比如，服装色彩隶属美学范畴，从事服装行业的推销人员就需要清楚色彩同人体协调的部分要点，好比瘦人不适合穿黑鞋子；脚短最好是穿白鞋子；胖人不适合穿方格子衣裳，而穿竖条子的比较好等。

第四章

沟通至上，快速成交的保障

产品的好坏很大程度上是由消费者的口碑决定的，对于消费者来说，用户的一句证言胜过厂商千万句广告词。只要很多人推荐你的产品，那你的产品就是真的好。

而在具体的销售过程中，销售员也可以利用心理暗示，提高消费者从众心理的表达度，从而使产品很顺利地销售出去。

销售员要想对客户进行超级成交，语言是重要的工具。古代的说书人就擅长这一招，他们讲一个故事能描述得活灵活现，把人物的表情、动作、声音乃至兵器、坐骑都很生动形象地“说”出来，这样就紧紧地抓住了别人的注意力。

事实上，狼性推销学就是要达到这样一种效果。

客户需要的是你与他发自内心的沟通

我们对狼性推销学已经有所了解了，那么什么是狼性推销学呢？它究竟有什么样的魔力？在解释这一切之前，我们不妨先做一个小实验。

下面是一组排比句，无论其内容是否为真实，请把内容朗诵完毕。

（1）脑白金是最棒的送礼产品。

（2）脑白金真的很棒。

（3）大家都说脑白金很棒。

（4）巷子口的小摊贩都说脑白金很棒。

（5）昨天有位小姐跟我说脑白金很棒。

（6）听说报纸今天有报导脑白金很棒。

（7）昨天电视新闻好像有讲到脑白金很棒。

（8）你有听过脑白金是一种很棒的产品吗？

怎么样，现在你相信脑白金是很棒的产品了吗？如果还不相信也没关系，生产厂家可以继续用800种方法来告诉你“脑白金最棒了”。

如果你还不相信，他们可以重复800次，直到你相信为止。“今年过节不收礼，收礼还收脑白金”，电视上、报纸上铺天盖地的广告就是一个明证。

这种方式就是狼性推销学的一种，即通过不断的说明、宣传，用尽各种表达方式与不同的角度，借由不同的媒体与消息来源，只为让消费者真正相信这件事情。

比如历史上曾参杀人的故事，就很能说明问题。

曾参是古代一位君子，学问好，人品也好，以孝顺名闻天下。

有一天，曾参出门办事，他的母亲正在家织布，忽然有个人跑来对她说："曾参杀人了！"曾参的母亲很相信儿子，于是摇头笑道："不可能的，曾参不会杀人的。"

过了一会儿又有一个人跑来对曾母说："不好了，曾参杀人了！"

曾母心里一惊，不过嘴上还是说："不可能的，曾参是不会杀人的。"

话虽如此，可连续两个人这样说，让她已经开始有些怀疑。虽然她还是宁愿相信曾参，但是她已经没有心思织布，开始等待曾参回家。

不一会儿又有人进来了，这次是曾参家的邻居。她很急地对曾母说"曾参真的杀人了！已经被官府抓起来，据说现在正在审理，你快点想办法看该怎么办吧。"

曾母这才真的相信曾参杀人了，由于怕受连累，正准备爬墙逃走。这时候曾参却突然回来，把曾母都吓了一跳，非常惊讶地问："孩子，你不是因为杀人被抓起来了吗？怎么现在又回来了呢？难道你杀的是坏人所以不用偿命吗？"

曾参听了，哈哈大笑说："我怎么会杀人呢？只是那个凶手刚好和我同名同姓罢了。”

你看，错误的信息被说三次就会成为事实，更何况把“送礼就送脑白金”重复800次，这也就是所谓的“众口铄金，积毁销骨”。

产品的好坏很大程度上是由消费者的口碑决定的，对于消费者来说，用户的一句证言胜过厂商千万句广告词。只要很多人推荐你的产品，那你的产品就是真的好。

而在具体的销售过程中，销售员也可以利用心理暗示，提高消费者从众心理的表达度，从而使产品很顺利地销售出去。

销售员要想对客户进行超级成交，语言是重要的工具。古代的说书人就擅长这一招，他们讲一个故事能描述得活灵活现，把人物的表情、动作、声音乃至兵器、坐骑都很生动形象地“说”出来，这样就紧紧地抓住了别人的注意力。

于是，听众们便天天跑来听评书，花钱购买说书人的“服务”。

总之，“狼性推销学”威力巨大。在超级成交状态下，人们精神高度集中，变得愿意倾听，抗拒心理逐渐解除，此时，销售人员的推销就会唤起顾客的消费潜意识，更容易地促成交易。可以说，只要使用得当，这是一种无往不利的销售魔法。

良好的肢体语言能为你的销售成功加分

对客户进行超级成交，进行心理暗示，并不仅仅限于语言，销售过程中，一个动作一个眼神，都能够产生不同的超级成交效果。

顶尖的销售人员在进门的那一瞬间，就可分辨出来。随着人们生活节奏的加快，你跟客户见面的时候，客户没有太多的时间来了解的你是一个什么样的人，很多人对你的感觉和认知都是通过短暂的接触来确定的，所以你最好能够用一个眼神或一个手势打动他。

有人说："形象如同天气一样，无论是好是坏，别人都能注意到，但却没有人告诉你。"你的一个动作、一个眼神，就能够传递出不同的精神状态，并给客户产生深刻的印象。在与客户的交流和互动中，一个友好的眼神、一脸微笑就能传达着示好的信息。

俗语说："言为心声，相由心生。"心善的人一定能够在相面上表现出来。同理，当你把友善跟微笑写在脸上，无形中对对方就会产生一种超级成交效果。对方会认为你从内心里喜欢你的客户。你实际上是对客户做了一个心理的暗示，这种暗示缓解了紧张陌生的气氛，拉近了双方的距离。你的这种友善的态度，也会得到客户同等的反应。推销之神原一平说，笑能拆除你与准客户之间的"篱笆"，敞开双方的心扉。只有这样，双方才有可能促膝长谈。

销售技巧不外乎是由语言、文字、影像、声音、肢体动作、表情所组成，其中肢体动作和表情大约占整个销售技巧的67%，所以只要能够掌握良好的肢体动作和表情，就等于拥有更多的销售力。通常我们会把肢体动作和脸部表情合而为一，称为"肢体语言"。

肢体语言为何在整个销售技巧中占有如此高的比例？主要是因为肢体语言能形象展现商品和销售者之间的互动力量，能够对客户较快地产生一种心理暗示，产生一种较好的超级成交效果，令客户接受你的观念和想法。

当然，传递出的错误的信息，也会无意中对客户产生错误的暗示，这样，就会影响你的销售效果，如果注意不到，往往犯了错误还不自知。例如，你如果在销售中采用双手抱胸的姿势，不论你是站着或者坐着的，都会对对方产生一个心理暗示，那就是你不相信别人的存在。而且是在告诉对方，你很不服气。同时这个姿势对你自己也有一个心理作用，长年如此非但猜疑心会加重，同时亦会产生过于固执己见的毛病，这样的肢体语言也会显示在不当的人际关系之中，经常不自觉的双手抱胸将会在人群中被排斥，同时限制自己的销售能力。

当然眼神也很重要，一个眼神有时候可以决定一场销售的成败。有人在销售的时候，眼中见三白。也就是说并没有正面看对方，而是由下向上看，且眼睛是向上吊着看，乍看之下在眼珠的左、右和下方都见到眼白，此谓三白眼。在销售过程中有如此眼神，会对客户形成一个心理暗示：你怀疑并且鄙视对方。对方的心里会感到很不舒服。而相反，正视对方的目光，则会产生另一种完全不同的心理暗示效果，那就是代表诚意正直与信心坚定，会对对方产生一种积极的超级成交作用。

如果你在跟客户交谈的时候，喜欢跷二郎腿，那么你传递给对方的一个心理暗示则是你很傲慢，而且你的生活习惯很不端正。在行为学上，坐着时跷着二郎腿虽然代表自信与专业，但是过度自信容易变成自夸，说起话就会夸大其词不切实际，很难取信于人，更不用说提高销售率了。

许多动作、眼神，虽然都是一些细节，但是都能够对对方产生或积极或消极的超级成交作用。所以你要注重你的每一个细节，用你的细节打动对方。生活中许多动作能够产生不好的心理暗示，例如：

坐姿摇摆不定：有些办公椅子是旋转式的设计，目的是为了便利地在办公桌上处理文件，业务人员若坐上了这种椅子就左右不停地摇摆，客户的订单就容易被摇掉了。因为坐不稳就会暗示对方你缺乏耐心与毅力，做事容易虎头蛇尾、持续力不足，客户自然不愿意相信您的售后服务，所以成交的几率就不高了。

无语露齿怪模样：除非有需要说话，否则口要闭上为宜，千万不要出现嘴唇上下振动或是无语露齿的模样，这不但会令在说话的对方分神，更会暗示对方您是一位是非很多的人，想要博得别人好感自是不易；另外嘴角习惯歪向一边的样子，也会暗示对方你自负、不满现况，这都是不良的嘴部表情。

单手或双手托腮：因为托着下巴听别人说话的姿势一定不好看，同时也暗示对方你疲劳而且不耐，并显示你的个性是软弱无助并且犹豫不决。

一言以蔽之，你的一言一行，都会对你的客户产生不同的暗示作用和超级成交效果。一个眼神，一个动作，都是你沟通的重要工具。在与客户沟通过程中，如果能够运用好一言一行，对对方进行积极的心理暗示，进行有效的超级成交，就会提高你的工作效率并提升你的工作业绩。

向客户证明我的产品

在销售的过程中，怎样才能够对客户进行超级成交，让他们对你的产品深信不疑呢？最好的方法就是证明给他们看。

有些销售员在销售洗化用品的时候，会采用当场做试验的办法来证明自己产品的质量和效果。这种方法是行之有效的，眼前的事实会让他们对产品效果深信不疑，并使他们产生一种好感和消费心理。这种试验，其实就强化了客户对产品的信任，实际上是一种超级成交过程。

但是并不是所有的商品都可以用现场试验的方法，那么怎样才能增加客户的信任，对他们的心理进行超级成交呢？我们可以充分准备具有视觉效果的产品资料，例如产品的照片、客户使用产品前和使用后的照片，以及客户的推荐函、感谢信以及专家见证等。

强而有力的客户见证，会让你的客户产生非常大的好奇心和信赖感，对他们实施超级成交，促使他们立刻行动。

宝洁公司的产品之所以销量很好，很大的方面就是通过证明，对用户成功进行了暗示和超级成交，使客户信赖他们的产品，我们通过看它的电视广告就可以感觉出来。譬如：

洗衣粉的广告，以实际采访的方式让一些妇女拿出一些衣领上满是油污的白衬衣，然后通过使用它的产品，衣领上的油污完全没有了。通过现场事例，告诉你产品给你带来的好处——去除污渍，更方便。这是实例的见证。洗发露也是如此，无论飘柔、潘婷还是海飞丝，它们都是请的像章子仪、张曼玉、张柏芝这样的影视明星来做广告，这些都是在使用名人见证。这就会产生一种更好的超级成交效果，客户会产生这样的感觉：这样的名人都在使用或推崇这种产品，那么我当然也可以用了。

有证明客户不一定相信，但没有证明肯定怀疑更多。要想让客户接受你的产品，很重要的一点就是证明给他看，因为没有人愿意当“第一个吃螃蟹的人”。

这种证明的方式可以有很多种：

1. 名人见证

客户会比较喜欢使用名人用过的产品，这会产生一种很好的超级成交效果。他可以提高产品的信任度，让人感觉，名人都用这种产品，质量自然错不了。这也是为什么现在的广告都是名人作见证的原因。

2. 媒体见证

比如报纸、杂志、电视等媒体的相关报道。这种方式的证明也会给消费者产生较好的超级成交效果。

3. 权威见证

某某产品是谁研究出来的，是某某专家、某某科研机构等。

4. 使用一大堆客户名单做见证

5. 熟人见证

比如客户的邻居、同事、朋友。当客户有一个熟人在使用我们的产品时，这种信赖感是非常好建立的，很容易对他进行超级成交。

6. 产品照片、剪报等相关资料

有些销售人员会把各种与产品有关的见证、照片、剪报等收集在活页夹里，以便随时拿出来作为证据。“耳听为虚，眼见为实”，这些能够让客户看到的资料和证明，都会对客户产生很好的超级成交效果，增加客户对产品的信任度。

按照客户中意的方式沟通

在与客户沟通时，怎样才能够对客户进行积极的心理暗示，使对方更加容易信任你、接受你，并接受你的产品呢？

每个人的表达和接受信息的方式都不一样，为了达到最好的效果，我们就要了解并使用客户喜欢的方式进行沟通。多留心客户描述事物的方式，你就会发现支配他们的主要感官。如果他喜欢使用颜色、清晰、明亮、黑暗之类的词汇，那就可以认定他是侧重视觉的人；如果他喜欢描述音乐、风声、树叶的沙沙声、汽车的嘟嘟声，那他就是听觉灵敏的人。如果你能更多地了解这五种感觉，好好地调动这些感觉，尤其是找到支配客户的那种感觉，你就能够更好地与他们交流、互动。

每一个人都不喜欢跟没精打采的人打交道，所以，在你跟客户见面的时候，你要保持一个积极向上的精神状态。只有当自己变得百分之百的自信并感到非常兴奋的时候，你才能神采熠熠地走进客户的办公室。

你最好面带微笑，你的笑容价值百万。有人曾经做过这样的调查，在同一个行业，几个同样的店面，货品的摆设和种类都差不多，店内售货员的年龄、长相、穿着打扮也相差无几，可是唯有笑脸相迎的售货员所在的店面生意最好。

令人感到温暖而又愉快的笑容会带来明显的经济效益。一位著名的企业家说："我宁愿雇一个有可爱笑容而连中学文凭都没有的女孩子，而不愿意雇一个板着陪审员的面孔的哲学博士。"推销明星陈明利说："不管我认不认识，当我的眼睛一接触到人时，我会要我自己先对对方微笑。"

微笑是成功者的秘密武器，因为微笑可以产生一种心理暗示，会起到一种超级成交的作用。它暗示对方，你是一个容易亲近的人。微笑拉近了彼此之间的距离，增强了亲和力，解除对方的抗拒心理。

同样，不同的环境，也会产生不同的沟通效果。你是选择在冷冰冰的办公室里跟对方进行交流，还是喜欢在温馨的咖啡厅里呢？温馨而融洽的沟通环境可以使客户放松下来，这样他就更加容易被你超级成交。跟客户沟通的时候，你可以选择咖啡厅、酒吧之类，这样客户会抛弃戒备心理，更加容易跟你交流，达到事半功倍的效果。

总之，用客户喜欢的方式跟对方进行交流十分重要。不同的环境就会有不同的状态，而不同的状态就会衍生不同的沟通效果，如果你是一个有修养的人，肯定不会在大马路上谈客户。在与客户沟通之前，我们需要选择合适的接洽场所，整理自己的装束，抖擞精神，保持一个良好的心态，这些将是你成功的开始。

层层突破客户的心理防线

保险在你真正意识到需要它时，才弥显珍贵。

在一般的保险推销过程中，你可能常常碰到这样的情况：客户由于不理解保险，或对保险持有偏见，而简单粗暴地否定保险的作用，拒绝业务员的推销。他们往往会说："保险有什么用！""保险都是骗人的！""我们不需要保险。"

针对这一类拒绝，你要从正面加以引导，改变准客户的错误观念，使他懂得保险的真正作用和意义。有一些客户可能说“我现在很好啊”“我不需要投保啊”等，这时候你就要告诉他，每个人都不可能不生病，生老病死是每个人都摆脱不了的。通过你的暗示，客户会想，每个人都会经历生老病死，这些是每个人都摆脱不了的。面对这些危险，每个人都不能逃脱，可是拥有了保险，就可以让你病有所医，老有所养，减轻家庭负担。这时候，客户已经被你超级成交了。

推销保险，要利用好正反两个方面的事例来引导客户。俗话说，喊破嗓子，不如拿出样子。用正反两个方面的典型案例，来启发诱导保户投保，效果是最好的。

为了更明确地说明问题，你可以准备一些这方面的材料，内容可以包括投保后出了事，确实得到保险好处的；没投保，出了事没人管的。这两方面的案例很多，在你摆出众多案例之后，相信顾客会意识到在他周围潜在的危险。

潜在的危险每时每刻都在身边，每个人在潜意识里都有安全需求，怎么才能很好地说服别人买你的保险呢？那就是利用好潜意识的作用，使你的客户顺利地向你投保。

其实，某种意义上，保险就是互助。大家相互帮助，以解决经济上的困难。在我们传统的社会里，家里发生了意外事故，我们寻求亲戚朋友的帮助，但是亲戚朋友有限 ，能提供的帮助也有限。

作为一个销售员，你要告诉你的客户，假如一个人现在发生急难，他能请到两百个亲朋来帮忙就很不错了。假设平均一个人拿出来两百元来相助，总共也不过四万元。但假设这个人有十万个朋友，每个人只要拿出十块钱，就能凑到一百万元的大数目。一个人拿出十块钱是太容易的，但要认识十万个亲戚朋友，却谈何容易，恐怕一辈子也认识不到那么多人，但通过保险，你却能结识这么多人。

保险就是互助，通过保险可让客户结识许多朋友，当这些朋友中任何一个发生意外事故时，其他人都拿出十几块钱去帮助他，积少成多，便能得到庞大的数目去应对意外事故。

你要告诉你的客户，保险公司不过是公平合理地收集、管理、分配互助基金的中间人而已。我们平时帮助别人愈多，我们发生急难时，别人也帮助我们愈多。

如果你的客户说保险对他没有用，你可以告诉他："您可以这么说，但您只说对了一半。事实上，在日常生活中，有时我们认为不需要的东西很多，像挂在墙角的灭火器，汽车的备用轮胎，船上的救生艇、救生衣等，可是有谁认为它们没用？在没有发生大火、爆胎、沉船等事故时，这些东西是没什么用，但是万一发生事故，它们就比什么东西都重要。保险就是这个道理，您说是不是？"

这样，可以使客户感到危险每时每刻就在他们身边，只是还没有发生而已。就好比空气和水，在平时没有人会珍惜它们；在缺氧缺水的情况下，人们才重视它们。

这样客户会感到你推销给他们的保险，也正如这些东西一样，在平常看不出它们的效用，可是一旦需要时，它会帮助我们渡过难关，不必靠人救济，看人脸色，而满足我们的需求。

你的专业形象，也可以增强客户的安全意识。推销保险时，往往有些人不是站在保户的利益上去做工作，不按条款规定说话，动员保险有随意性，对保户不负责任。有的甚至说，只要客户投保，保险公司什么都管。请记住，保险保障是有范围的，不能为了佣金见利忘义。这样做有时候反而会给客户留下不好的印象，让他们认为你是靠不住的，这样就不好了。这样做的结果，可能人家一时投保了，但可能造成砂锅捣蒜，一锤子买卖。有些人为了提取佣金，误导宣传，不顾保户利益，那么最后的结果如何呢？退保率很高。

推销保险，实际是交朋友的过程，投保也好，不投保也好，保与不保都没关系，咱们交个朋友总算可以吧！那么如何交朋友呢？与朋友交往，就得说点真话、说点实话、说点真心话。绝对不能说假话，更不能说骗人的话。这样以诚相见，心诚则灵，把顾客当成朋友。这样顾客就会相信你所说的，你再去对他们进行超级成交就容易多了。

引发客户购买的兴趣

怎样才能让客户向你投保呢？有的人回答："看时机啦！时机成熟了，自然就促成了！"但是"时机"是什么？"时机成熟"又是什么时刻？而且光靠"时机"，就能够保证十拿九稳吗？

即使是对国外一些顶尖销售高手来说，他们也不敢就这么放心大胆地凭着他们的直觉、第六感和这所谓的"时机"，就想促成所有的销售。

有经验的销售员总是会用各种技巧来试探准保户，看看自己所做的产品介绍够不够，看看准保户是否已有投保的准备，然后再见机行事。通常，他们最常使用的试探方式，例如："靳先生，这份保险计划的各种特点，都能符合您的需要，不是吗？"或是"靳先生，这份教育保险计划确实能保证您的子女在求学之路上不致因经济问题而中辍，您觉得呢？"

然而，这只是试探性的动作，重要的，是他们还在促成中，对顾客进行"超级成交"。这些超级成交技巧，归纳起来，约有下列四种：

1. 心照不宣

如果准保户对销售人员有了心照不宣的"默契"，那么销售人员实在不需要硬是逼准保户做个决定，表白态度。

当整个面谈进行到某一时刻，销售人员已有十足的把握，而且也确信准保户特别钟爱某一产品时，为什么又非要坚持准保户开口承诺投保不可呢？可想而知，如果您问他们需不需要安全感，希不希望获得心灵上的平静，他们的回答绝对是肯定的；但是如果说到肯不肯花些钱来得到安全感与心灵上的平静，谁会高高兴兴地说他肯？

这是人类的自然本质之一。既如此，销售人员又何须冒此被准保户拒绝的"危险"，硬是要准保户像是新郎新娘在牧师前般严肃地说出："我愿意！"因此"心照不宣"促成技巧，利用的便是准保户的这一层心理。

使用这一技巧最简单的方式便是代为填写申请书。您可以从准保户最不会心生排斥而当面予以拒绝的问题问起。例如："乌先生，府上详细地址是什么？您在这儿住多久了？"等。如果准保户对您的问题或是填写申请书的动作未加以制止，换言之，他们已默许了投保的决定，那么就可证实销售已然促成。

但是如果准保户还未到达默许的阶段，这也未必表示面谈已经结束，促成无望了。您可以再多做一些其他产品的介绍，或是再回到拒绝处理的步骤里，试着去发现保户的“最爱”。

2. 由简入难

“由简入难”的促成技巧，是专为协助准保户做投保决定而用的。它所把握的一个重点，是将一个比较困难、不易下决定的大问题，拆成数个比较简单、容易作答的小问题，请准保户针对这些小问题一一做决定。这样做，会比一开始便以一个大问题来困扰准保户，要更容易让准保户能够接受些。

那么，什么是“数个小问题”？什么又是“一个大问题”呢？

对大部分的准保户来说，决定是否投保是个大问题、大决定；决定是否接受身体检查是个小问题、小决定；选择一份适合自己的保险计划也不会多困难；指定受益人是谁也不是个多伤脑筋的事。再说，要销售人员把准保户决定投保与否的大问题，细分成几个小问题，来引导准保户，对销售人员而言，也不会是个太复杂的工作。既是对双方来说都不太麻烦，您又何乐而不为呢？

3. 采取行动

销售人员有时可以立即采取一些行动，以这种半带强迫性的方式，让准保户不得不有所决断。您可以在归纳准保户拒绝投保的原因，并一一予以“还击”之后，当场采取某些行动。例如：

“花先生，就您刚才所说不想投保的理由与决定，我想依我的了解，来做个简短的归纳与分析。首先是您的决定意味着您不希望您的家庭得到更妥善的保障。但我想，这绝对不会是事实。其次，您说保费太贵，负担不起；

至于这一点（您不妨在此露出个神秘的一笑），您和我知道这是不是事实。再说到第三点，您说您认为自己身体状况可能不合投保的资格，这倒不难，我们很快就能知道结果如何……对了，我想先打个电话，可以吗？”说着，您便可以起身走到电话机旁，拿起电话筒，立即向公司特约医院联络体检的预约挂号事宜。

4. 逾时涨“价”

一般人于购买任何日常用品或衣物时，总免不了讨价还价一番。如果再加上四季时节的变换来个“换季大拍卖”，这当然是消费者最“乐不思蜀”的时机了。

然而，对保险业而言，它没有所谓的“换季”，那就更别谈是“拍卖”了！因此，唯一能让准保户立即把握此时此刻投保的理由，便是“此刻投保，保费较低，但若是等过些年再投保，保费自会随年纪的增加而增加”。您可以这么向准保户说：

“邰先生，如果您不能把握现在投保保费较低的机会，那么再过一年，保费就会随着您的年龄水涨船高了。”

有时候，这样的技巧，会让准保户有种失而复得的感觉，对保险更有股“不可错失良机”的渴求，效果反而出奇的好。

通过书信引起注意

随着电子网络和电话的普及，很多人忽略了信函的作用，其实对于推销员来说，书信是一种很好的推销方式。很多做推销的人都明白在顾客尚不了解自己的产品和公司的情况下，应该准备一份完整的公司以及产品介绍信给顾客。然而由于电子邮箱的普及，很多人都会收到没有价值的垃圾邮件。这也是为什么当今还有很多公司，如宜家等，仍然进行期刊送递。推销也一样，推销人员可以首先给顾客投递一份介绍信。

书信不仅不会让顾客觉得是垃圾邮件，还让顾客感受到推销人员的真诚和用心。如果推销员的书信内容好，再加上一手好字，相信一定会给顾客留下深刻的印象。书信不同于电话或者短信，它有着自己独特的效果。写信人可以不受干扰，不会因为思路被打断而从容不迫地向顾客进行宣传，更不会像在正面直接推销时还要照顾意外事件的发生，也不至于立即受到顾客提问而乱了手脚。另外写信人还会因为回信人需要一段时间回信而会在心理上更加安定，同时作为收信方，也会因为有自己的时间和一些心理感受而充分考虑销售人员的意见。当顾客收到信件时首先会有好奇之心，毕竟这个年代已经很少有人收到私人信件了；然后会对书信人的字体进行品鉴，如果写信人有一手好字则是一种锦上添花了。

当然书信和字体是最表面的能吸引顾客眼球的东西。要想真正做好推销，还必须写好内容。信的主体就是要表达清楚写信人想要表达的内容，让顾客了解产品，了解公司，同时了解推销人员的一番真诚和苦心。这里有一些推销员书信的技巧，读者可以以此作参考。

1．写信注意事项

推销员要写信，首先不能找人代笔，否则当顾客知道实情时会很不愉快。即使字体不够好看，也会因为亲笔所写而让对方感受到自己的真诚。如果真的是字体不太好看，至少要一笔一划地写清楚，让顾客能看明白要表达的内容。

2. 书信格式和内容

既然是书信，就要按照书信格式来写，这里就不再详细介绍如何写书信。当然，具体的称呼收尾等都需要推销员自己拿捏，不能写得太过疏离，也不能写得跟顾客的爱人似的夸张。尤其是跟老客户更不必太拘泥于书写形式。

其次在语言上要通俗易懂。写书信主要是让顾客了解产品，而不是卖弄自己的文采。不需要写得跟作文稿似的，也不要如挤牙膏般生硬，让顾客觉得推销人员是在心不甘情不愿的情况下写成,更不用写得空洞而华丽，无论哪种情况只会造成反面的效果。正确的沟通可以从天气开始，可以从最近的新闻开始，只要让顾客觉得自然亲切就是最佳理想的状态。

3. 常写书信，联系感情

人与人之间的交流都是需要时间的，不可能说通过一封信就想着收买人心。和顾客的交流也是一样，时不时地给顾客写一封书信，让他们觉得自己永远是重要的顾客，让他们永远记得自己的产品和公司才是王道。

总之，推销人员一定要写好书信，否则只能是画虎不成反类犬。这里再将以上内容做一个小结：

（1）字写得不好看，不算大错，但如果字本身就不好看，再加上潦草，很难让别人认识就是自己的错了；

（2）写信如同说话，不能写得过于生疏，也不能写得太过华丽，让人觉得不真实；

（3）免于俗套话，写信就是要表露心意、表达真诚，否则就没有写的必要，即使写出来也只能让人感觉不真实、不可靠。

电话沟通增进感情

不同于写信，电话沟通的时间不能太长。有时候对方也许正在忙，打的时间不对，如果几次打电话都是对方忙得焦头烂额的时候，那么这个推销员更是倒霉透顶，遇上了一颗随时可能爆发的定时炸弹。一旦第一次印象不好，以后就很难改变对方的观点。另外，由于电话不像面对面的交谈，可以透过对方的表情了解对方的心理，仅仅靠声音很难做到很好地去推销。如果对方听着效果不好，产生不愉快的感觉，则会让推销变得更加困难。还有，打电话时有时因为自己或对方手机突然没电或信号不好，而要不断地重复拨打，这种闹心事发生一两次还可以原谅，次数多了只会让人反感。这里，也给通过电话销售的推销员一些合适的建议。

1. 通话之前的准备

首先在拨打电话之前，确定自己的手机有足够的电能，让自己可以足够通完电话；其次要选好地方，选择信号好的地方，不致于话还没说完就喂了半天没有反应。

案例：

有一位推销员，因为觉得事情多、时间紧，平常又不愿意花一点自己的休息时间，于是总把联系顾客的事安排在自己乘车的路上。可是公交车上由于乘客太多特别吵闹，而不得不在与顾客沟通时大声嚷嚷，结果顾客主动挂了电话再也不愿接他的电话。明白了不能在公交车上打电话，于是转而在地铁上给顾客打电话，结果由于城铁钻到地下而断了信号。最后这位推销员当然丢失了很多好的机会。

2. 多增加感情色彩

不同于特地赶到顾客那里为他们做介绍，从心理上已经做好了准备，打电话时由于声音拿捏不当或者接电话时心情各异而造成各种问题。

案例：

有一位推销员说自己曾在一天中给一位顾客打了多次电话，结果却因为顾客有事而没能得到回音。晚上回家后，他想去洗澡又担心顾客会打电话过来。想了想，他还是告诉妻子，自己先去洗澡，如果有人打电话就告诉他自己回头回电话。果不其然，正当他在洗澡时，电话响了，妻子由于正在做饭，孩子在这个时候又哭了，便没好气地接起电话："喂，谁呀？等会吧，一会让他给你打过去。"

这位推销员说当他从浴室出来的那一刻，就知道自己的生意很可能泡汤了。当他打电话回复给顾客时，还没有解释完是怎么回事，又因为一天中打的电话太多而手机没了电。于是，他就这么好端端地前功尽弃了，丢了一个有很大潜力的顾客。

3. 电话里也要如同当面

打电话的声音不可以装模作样，真诚的声音无论从哪都能被别人感知。在电话中给人留下不好感觉的首推不带感情的、冷冰冰的声音。因此推销人员虽然比不上那些控制声音自如的演讲家们，却至少也要做到说话抑扬顿挫，让对方听起来有感情。

案例：

有的推销员一边想要得到顾客的信赖，一边却又达不到真诚，认为没有得到顾客的信赖是因为顾客太刁钻，得到了顾客的信赖又认为顾客太傻，在别人面前到处鼓吹又有一位顾客上钩了。有的推销员一边吸着烟，一边跷着二郎腿跟顾客说话，挂上电话后则是嬉皮笑脸、得意洋洋，认为又有一位顾客被骗到手了。这种态度是不可取的，做生意首先讲的就是真诚。

另外一种反面销售人员，则是在电话里夸张得如同唱自己的独角戏。曾有一位推销员在一个三九寒冬夜里给一位被大雪困于路途中的顾客打电话："每天晚上我都梦见您，非常想见到您呀，非常想见到您。如果我身上长上翅膀，一定飞过去见您。"这种好像在和恋人谈情说爱的语气相信一定让顾客哭笑不得，此种虚情假意更是费力不讨好。

以上两种状况，在任何一个优秀的推销员身上都不会发生。因为真诚是做生意人的首要条件。如果不尊重自己的客户，也就谈不上尊重自己的劳动成果。

4. 遵守高效通话原则

通话开始时要咨询对方有没有时间，在接听电话时要拿起电话就开始介绍自己的单位和个人姓名，不能让对方猜测半天而浪费时间。如果知道对方是谁，更应该叫出对方的名字。在说话时，一定要声音爽朗，不能拖拖拉拉有气无力好半天才冒出一句"你是谁呀？"这样就会让顾客觉得推销员完全不负责任，而且没有一点工作激情。当然通电话是要说清楚事情，讲清楚情况，但不可多讲，拉起了家常。时间长了，对方就会不耐烦，而且还不得要领。

5. 有争议，当面谈

有些人在发生误会或者争议时恨不得立即解决，想通过电话这种快捷方式尽快解决。然而，这种好心办坏事的现象也屡见不鲜。如果有争议，还是当面谈妥比较好，毕竟电话里只能听到声音，看不到对方的表情，了解不到对方的身体语言。

电话相对于其他的联络方式有很多缺点，但是作为今天这个繁忙而快速发展的社会环境下的推销员，不可能反复去某一位客户那里拜访，这不仅不经济也不现实。因此推销员应该用好电话这种交流工具，通过电话一方面了解商品的销路情况，一方面也可以联系顾客、联络情感。对于那些暂时还没有动静的潜在客户，可以随时打个电话了解一下情况，即使对方没有订货也没有关系，相信一旦他们有需要，首先想到的肯定是你。

登门拜访促进成交

除打电话、写信之外，一种更直接的方式就是登门拜访，当然这需要推销员拥有足够的勇气与毅力。过去的刘备可以三顾茅庐而请动诸葛孔明，今日的拜访也不例外，日本的推销之神原一平更是以自己的行动证明通过拜访可以最终打动顾客。原一平当时拜访的是一位总经理，由于在联系后没有得到答复，他就多次去这位总经理家拜访，结果每次都被一位貌似退休的老人拒之门外，经过他四年多达71次的拜访，终于获得了老人的首肯，最终做成了这笔大生意，而且创下了世纪“推销之神”的称呼。据他所言，其实那位拦他于门外的老人就是他要寻找的总经理。

以下将结合案例分析推销人员在登门拜访时应当注意的事项。

1. 登门拜访前约定在先

即使是电话联系好的顾客都有可能因为临时有特殊情况而突然取消约定，更不用说没有约定的直接登门了。拜访顾客时却扑了个空这种本来很正常的现象，如果总是发生，对推销员来说是个大大的损失：一方面浪费了时间，没有顾客就没有生意，不仅让人费力不讨好，更是弄得自己一身疲惫；另外在别人看来每天都在跑推销，结果却次次扑空，也会对自己的名誉不好。如若约不到顾客本人，至少可以跟顾客的同事或者秘书等联系好，争取他们的帮助，了解顾客的时间安排，这样有更适合的见面机会。当然最好是可以灵活点告诉顾客如果临时取消，麻烦提前通知一下，以后再约时间见面。

2. 守礼节，抓住顾客讲技巧

倘若顾客在办公室告诉你没有时间，倘若前台告诉你顾客暂时不能接见，即使花费了很多时间，即使等得再不耐烦，即使觉得特 委屈，憋了一肚子火，都应该庄重大方地退出并跟他们约好下次的时间。因为发火不能解决任何问题，只有安静下来想好绝招才能一改困局。

在一年零六个月中，一个皮箱推销员对当地一家最大的百货公司进行了 20 次访问，每次都被拒绝，但在第 21 次访问中他与该百货公司的经理做成了一笔大生意。原因是那个经理开始注意到在过去的 18 个月里总有一个推销员每次来都提着同一个旅行箱来他的公司。这只旅行箱是该推销人员的样品，他的持续努力最终给顾客留下了深刻的印象，使这位经理决定购买。

很多人在遭到别人的拒绝后要么悔恨自己当初犯傻，要么决定掉头换人，总之被拒之后再去热脸追冷屁股的事是不可能做的。但是事实上，即使遭到拒绝也是正常的，有时候只是顾客当时没有那个需要，有时候只是顾客当时没有那个心情。无论怎样，遭到拒绝时，也应该同对方握手言别，大大方方，经过一段时间后再去回访，当然回访时不可以询问顾客是否已经改变了他的想法，这种问法只会让对方更加倔强地坚持不会改变。这时可以通过一些小礼品来打破僵局。

一位推销人员在经过多次推销之后未果，于是就想起了一个特别的招：他带着一件小礼品送给一位从来没有向他买过物品的顾客。当时这位顾客非常惊讶，问他为什么要给自己送礼品。这位推销员微笑地说道："您别见怪，这是作为我第25次拜访您的纪念品。"于是顾客会意地笑了，不仅买了他的产品不说，还与这位推销员开始了一段良好的友谊。

另外，作为推销人员还要记住不可在走廊或者过道里与顾客洽谈生意。若顾客从办公室走出来与推销人员攀谈，推销人员应该暗示不接受这种做法，可以问有资料给他看，是不是附近有合适的地方可以坐下，若推销机会不理想，如坐下来会影响对方工作的话，那么宁可选择下次再谈也得放弃此次面谈机会。

3. 面谈注意事项及技巧

既然沟通，首先注意的就是语言方面，要设身处地地站在对方的角度考虑自己说话的内容和语调语气。由于说者无心、听者有意这样的事随时可能发生，作为推销人员就一定要注意好自己的话语。

首先，无论何人都有自尊心，总希望别人能对自己的长处给予相应的正面评价。在这个方面，会说话的推销员就不会挑对方的短处而开场，而是仔细观察和寻找对方的长处来让对方进行愉快的交谈。

其次，在推销时，可以运用随身携带的小物品来更好地发挥推销的效力。

（1）精心设计的名片。

今天连很多小学生都制作个人资料的卡片，商界更是处处名片飞。一张别出心裁的名片加上合理的解说，就会让名片变得十分独特而具魅力。一般而言，使用什么样的名片由公司决定，并不是推销人员自己所能规定的，但是对于不合理的名片应该可以给出自己的建议。

在大小上，名片不能太大，也不可以太小，一定标准的名片才容易被顾客装进自己的名片册，否则装不进去反而弄巧成拙，更容易被扔掉；在色彩上，名片最好要清新淡雅一些，浓重的颜色只会让人看着不舒服；在内容上，很多人将彩色头像放在名片上如同身份证，给人以可靠的感觉，也是一种很好的名片制作方式。

在推销过程中，名片是一种很重要的推销手段。有相当一部分人想在名片上做好基础，以获得顾客的好感和回应。注意不要弄巧成拙就好。通常而言，大大方方实事求是的名片还是最好的选择。

（2）设计好的样品或者产品目录及有关资料。

在出发前要检查样品的功能等一切正常，若是实物器具等，至少可以无障碍使用；若是食品、饲料等，要保证没有发霉等现象。否则当着顾客的面发现要推销的物品有问题，肯定是尴尬难堪，还很有可能失掉潜在的客户。

（3）不能随身携带样品则要亲自编制文字资料及图片。

文字资料所反映的内容主要包括产品的质量及其安全性能、公司的信誉和优良作风等以及竭诚的技术服务状况。图片资料需要能很清楚地反映所要推荐的物品，否则一张很小还不清楚的图片只能是隔靴搔痒，或者造成适得其反的效果，让顾客觉得产品不真实或不可靠。

推销人员在推销的过程中，经常会遇到顾客将自己的产品与竞争对手的产品进行比较，这个时候可以实事求是地列出自己产品的长处和短处，任何东西都不可能完美，让顾客了解事实不但不会影响到顾客的购买愿望，更会使得顾客更加亲近和信赖。推销员完全没有必要因为对方提到同行而恶意中伤竞争对手。另外如果可以的话，推销人员也可将老用户提出的批评和表扬文件装订成册给顾客阅读，使他们了解其他顾客的看法。

（4）带上笔记本或者计算器之类的小工具。

推销员的天职是推销产品，但是仅仅了解产品还不够，还需要分析顾客，了解顾客的类型，了解顾客的需要。此类工作在实践中所积攒的经验都可以记在笔记本上作为以后参考之用。若与顾客谈成了生意，一堆的数字运算也是不可缺少的，因此计算器这类小工具还是顺手携带比较好。

不同消费者以及其不同的购买因素

无论在前文还是后文将继续提到的顾客，大家要注意，这里的顾客有广义和狭义之分。广义上说所有的购买者都是顾客，它包括组织（企业、事业单位等）和个人。狭义而言，顾客仅指消费者个人。两种不同的定义构成了不同的市场——产业市场和消费者市场。在现代企业的发展中，市场经济不仅要求企业能生产出高质量、多品种和新款式的产品，而且还要负责推销给顾客，因为各种物品充斥着世界各个角落，让顾客眼花缭乱，对于难以做出选择的这两种顾客而言，虽然他们在购买心理上有很多不同点但是也有很多相同点。本章我们就着重分析这两种顾客的购买心理和购买行为。

推销员知道顾客就是上帝，没有顾客就没有业绩，也就无法在推销领域里面坚持下去。那么顾客到底是如何选择购买别人的产品的呢？最根本的还是产品能满足顾客的需要。如何确定自己的产品可以满足顾客的需要？这就需要推销员掌握好顾客可能产生的任何心理活动和消费行为。根据心理学研究的顾客购买心理描述，顾客购买产品时的心理应包括对产品的认知——在其中产生的情感和意志这种心理过程和个人心理特征两个方面，其中个性心理特征包括个人的能力、性格和气质。这其中，最重要的就是个性心理特征随时影响着顾客的心理过程。这里首先让我们了解一下不同顾客的个性心理特征。

每个人由于性格不同，在跟人的交往时所表现出的也完全不同：有的人喜欢讨价还价，有的人感情用事，有的人干脆利落，有的人有利必争……

有的人可能同时具有两种或两种以上心理特征。无论是哪种情况，作为推销人员，如果可以了解顾客的心理特征而做到知己知彼，相信必能针对不同的顾客类型采取不同的方式来顺势引导顾客，最终促成订单，获得成功。

顾客除了在性格上有不同的表现外，年龄上的不同也会造成不同的顾客有着不同的消费心态和消费模式。推销人员应该充分认识这一点并采取不同的应对措施。

1. 孤独型顾客

孤独型顾客一般都因为担心自己独立做决策而不保险，因此他们更倾向于向朋友或者家人咨询意见来判断是否购买。这类人通常包括老年人、寡妇或者鳏夫等。一般而言他们都举止谨慎，对人不是特别信任。面对此类人，推销员一定要做到十分的有耐心，让他们信任自己的为人。多花时间和他们交流，对他们的境况表现出关心和照顾，就会很自然地赢得他们的信任和友谊。

2. 年轻夫妇

年轻夫妇由于在生活上比一般人更为拮据，更由于在生活上还没有多少经验，平时也不愿意跟别人开口诉苦。此时推销员如果能主动和他们沟通起生活中的问题，则会让他们感激不已。

3. 单身贵族

对于单身贵族而言，表面上十分潇洒，其实他们内心也是孤独寂寞的，在感情问题上有很多需要别人指点的地方，如果此时推销员能从此处攻破，就会立即拿下他们。并且，由于这些年轻夫妇和单身贵族们做事干脆，不爱婆婆妈妈而特别受到有心机的推销员的追捧。不过，销售人员在对他们进行推销时，一定要明白给他们推荐其能力承受范围以内的产品，如果超过他们承受范围，他们会反过来认为有种被骗的感觉。因此，和他们的生意往来中一定要以相应可以承受的价格为原则。一旦攻破他们的内心堡垒，就等于成为了他们的忠实朋友，想和他们做成生意便轻而易举了。

4．中年顾客

这类顾客由于事业家庭两全而在生活上变得更加有购买力。他们一方面有能力购买，另一方面也愿意为自己、为家人、为朋友亲戚购买相应的产品而使家庭生活美满，让家庭成员更加和睦团结。成为这一类客户群的好友之后，所带来的将是一串客户群体。而要拥有这类客户的人缘，推销人员要做到不紧不慢地和他们成为朋友，获得他们的信赖，首先就是熟悉自己专业的产品，然后通过在介绍产品的同时还能对顾客及其家人做到关怀，相信也就离顾客的心理距离不远了。

每天购买行为都在进行，有的人买这家产品，有的人选那家的货物；有的人买东西看牌子，有的人选产品看价格……多种多样的购买行为使市场显得更加多样化，而让人逐渐忘了到底为什么购买？在选购商品的时候又是凭借什么而选定的呢？在选购时影响人们判断的又是什么？这些都是作为推销员应该思考的问题，只有了解了这些，才能知己知彼，百战百胜。

其实，要说消费者购买的根源还在于需要。需要分为多种情况，有出自生理的本能需要，有出自虚荣心的满足需要。根据著名心理学家马斯洛的需求层次理论，可以将人类需求归为简单的生存生理需要、安全需要和较高一层次的归属感需要、自尊需要和自我实现需要。低层次的生理需要和安全需要不难理解。随着现在各种不安全的产品总是曝光于市场，人们对产品的安全性能要求越来越高，也越来越慎重。在归属感的需要上也就是希望被群体接受，获得和群体人员之间的交流。在自尊需要方面即是指希望得到好评，获得他人的承认，获得自己的地位。在自我实现方面，人们就希望充分发挥个人的能力，施展自己的拳脚，来实现抱负和理想。这些需求都是随着每个人不断地实现基本需求后逐渐出现的，他们的购买动机也就是随着这一过程而不断发展和真正采取行动。

准确把握购买心理

目前的销售市场日益繁荣，购买需求也是与日俱增，自然购买心理也是多种多样的，如何准确把握购买心理虽然很不容易，但却并不是说不能掌握一般规律。这里就总结了一定的规律供大家参考。

1. 实时耐用、物美价廉的物品一直是基本需要领域里最基本的衡量标准

这其中顾客想实现的就是获得最大程度的利润化，想让自己的货币实现最大的价值。因此推销员在推销此类满足基本需要的产品时，一定要抓住这一心理特征来进行推销，达到销售出货品的目的。

2. 绿色环保、健康的产品已经当道

随着一波又一波的牛奶事件、电产品不合格等导致他人财产受损事件的出现，人们更加注重产品的安全性能以及产品的保健性能。尤其是那些追求健康生活的人们，张口绿色，闭口健康，他们的宣传更是让绿色健康食品以及帮助人们走向健康生活的产品被提上日程。这也是为什么环保漆、各种运动健身器材以及各种人寿保险都在不断畅销的最根本原因。因此推销人员在推销时切不可忘了这点的重要性，买贵没关系，重在健康。

3．舒适和方便是抓住顾客的另一大主动力

傻瓜相机、懒人洗碗机等的问世都是应了人们的“舒适”一说。随着宅男宅女族的出现，人们更是将他们划分为一个特殊的销售领域。其实他们代表的是众人所期待的心理舒适区。因此在推销产品时，除了可以告诉顾客产品的安全性能外，也可以告诉顾客产品的易用性，这点往往成了很多发明家或者推销员所忽略的一个关键点。想想如果在推销员花费了半天口舌讲解之后，顾客终于摸摸额头：“哦，终于算是弄明白了，可是这东西用起来这么复杂，我还是算了吧！”这该多么让人哑口无言，如吃黄连般不是滋味吧。

4．喜爱是个十分神秘的感情色彩词

有些人总说没有别的原因，就图个喜欢。可是为什么喜欢？这种滋味却又不好说出来。因此，也就成了一种大家都在追捧的状态。其实喜爱是顾客心理区域舒适区的一个体现，这种舒适倒不一定表明是产品使用舒适，而是说产品本身的颜色、形状等，或者推销人员的一个巧妙故事都可能是引起顾客购买的卖点。如在推销产品时给产品一个新颖的故事，或许让充满浪漫情怀的人立即喜欢上并购买。因此这个神秘的心理舒适区要求推销人员在仔细观察顾客后灵活地做出判断和应付。同时从另外一个角度而言，喜爱不仅是指对产品的喜爱，也是对家人、对朋友的喜爱的一种表达。什么样的物品能表达出这种喜爱之情，完全在于人们对产品所赋予的意义。

5．声誉和产品认可度

对产品的认可其实从某种心理上而言，也是对别人认可自身的一种愿望。每个人都希望自己成为最棒的，希望得到别人的关注，得到别人的尊重。很多人不惜高价买名牌就是这一心理。作为推销人员要看准顾客属于哪一类人，跟有的顾客谈名牌，立马奏效；跟有的顾客谈名牌，纯粹起到的是反效果，他们一方面想通过自身来塑造自己的个性，不迷信品牌，另一方面还对于品牌这个名字嗤之以鼻。在他们看来如果自己不出名，穿着一身的耐克也不会成为人们关注的焦点。这点正如一位名人的话："我成名之后穿什么都能成为别人的焦点，我若不成名，穿什么也不能让自己成为别人的焦点。"因此推销员要认准顾客，在了解顾客的性情后再进行一定的推销才能奏效，否则只是对牛弹琴或者若是"弹错了琴"只能起到负面效果。当然，无论是哪种顾客，不要对其宣传已经过时淘汰的产品。即使是价格低廉，若顾客真的认为价格低廉，会在推销员稍微介绍后直奔主题的。

6．多样化和消遣性

如今人们的消费水平已经不同多年之前，多年之前，人们只会在过年时为自己添置一套新衣，现在只要随便站在一家服装店，顾客总是络绎不绝。这种购买已经远远超出了本能的需要，它们就是心理上的多样化和消遣娱乐所起的作用。既然要达到消遣娱乐的效果，那么推销员所推销的产品就一定要符合日常生活的多彩性。买帐篷不是因为发生了地震，而是有人想出去野营；买蜡烛不是因为没电，而是人们追求浪漫……如果推销人员在推销的时候连这些概念都没有，那么要推销出新意，让顾客惊奇也难。这一点从很大程度上来说要求推销人员要有奇思异想，还要嘴巧，要能想到也要能说出来。

影响客户购买的成因

到现在为止，我们已经从各个角度分析了顾客购买的成因。那么是什么影响着顾客的购买成因呢？这里继续分析影响消费者购买行为的因素。一般而言，由于消费者的出身地域以及当地的环境、人文影响加上家庭背景的不同，每一位消费者身上都带着共性和特色。这种共性就是地域的共性，当地人的社会文化因素影响，而特色即是每个家庭不同的背景所催生出的不同性格、不同年龄、性别、职业和教育程度等所带来的差异。

1．个性的影响

千千万万片叶子，没有完全相同的两片。人更是如此，在推销产品的时候，一方面强调顾客的共性，找准他们的性格特征，另一方面却又因为他们各自不同的个性而在购买行为上千差万别。他们因各自的年龄、性别等特点而决定着购买的产品。老年人喜欢看保健品，青少年喜欢看文体用具；老年人做决策时稳重谨慎，年轻人决策时则简单随意。每个人都由于自己的个性而做出不同的选择，个性使人对所在的环境产生一致和持续的反应，影响着购买行为。有经验的推销员发现，他们可以将顾客的性格与产品以及对产品品牌的喜好和使用率联系起来。消费者一般都是选择标榜自己个性和符合自我形象的产品。性别和教育程度以及职业上的不同对购买也影响非常大。一位购物的男性和女性在做出选择产品的判断上是完全不同的，女性往往为一件产品跑很多家商店，男性却不会。教育程度低的人往往会更多地出现讨价还价。

2. 家庭分析

如同前面分析过的年轻夫妇和中年顾客，对家庭的分析也是推销员需要掌握的一个要点。对家庭的分析可从两个层面进行：家庭生命周期和家庭成员角色的判定。

家庭生命周期指的是顾客从年轻时开始学会独立，离开父母独立生活，到年老后并入子女家庭或独居的家庭生活过程。它包括五种状态：

（1）单身或已婚，40 岁以下，没有孩子；

（2）已婚，40 岁以下，孩子年幼；

（3）已婚，40 岁以下，孩子较大（没有年幼的）；

（4）已婚，40 岁以上，孩子都超过 20 岁；

（5）40 岁以上（或孤身一人），没有孩子。

很明显，这五种家庭状况所应对的要求就是十分独特而不可更改或取代的。不同的家庭状况对家具、孩子的衣服以及食物和休假等各方面的要求也不相同，他们在购买货物的频率上也不相同。其次，由于家庭角色的不同，在购买过程中，他们所做的决策也不相同。单身的人只用自己做决定，婚姻状态中的男子的护肤品多由妻子购买，在购买大型家具等产品时大部分都是两人共同决策。面对不同的顾客角色，不同的家庭状况，销售人员要把握好推销时的技巧。

3. 文化影响因素

文化是影响人们欲望和购买行为的另一个基本因素，处于不同环境的人们在价值观、信仰、态度、道德和习俗等方面也有着不同的文化差异。大部分人尊重自己的文化，接受文化中共同的价值观和态度，遵循文化中所隐含的道德规范和风俗习惯。因此，顾客在购买商品时总是选择那些自己熟悉的、观念上可以接受的产品，而拒绝那些不熟悉的、观念上不能接受的产品。但是也有一种出新的奇招反而会让产品大销，如在一个南方的小镇推销兰州拉面，很可能就物以稀为贵。所以在推销时，推销人员一定要从文化的影响角度去考虑，争取让人们接受的产品销得更多，让人们不能接受的产品成为一种创新销售。

4．不同社会阶层的划分

不同的社会类型所要购买的物品是绝对不同的。要在富人阶层推销五块钱一双的解放鞋，相信只会让人捂着嘴笑弯了腰，要在一个穷人堆里销售他们根本不知何物的 iPad, 也是一个荒唐之举。社会阶层的界定往往是根据该顾客的职业类型和收入来源以及居住区域等来划分。不同社会阶层的人对商品的用途和品牌等都有着各自不同的偏好。要做好推销工作，销售人员就一定要抓好社会阶层这一分析要素。

第五章

攻心为上，读懂客户的内心

说服客户的关键是了解对方的心理，客户的购物心理是指客户在成交过程中发生的一系列极其复杂、极其微妙的心理活动，包括客户对商品成交的数量、价格等问题的一些想法及如何付款等。客户根据自己的需求，到商店去购买消费品，这一行为中，心理上会有许多想法，驱使自己采取不同的态度。它可以决定成交的数量甚至交易的成败。因此，我们对客户的心理必须高度重视。

有钱人太挑剔了，我怎么努力也没用

在很多人的印象里，有钱人的钱要比穷人的钱好挣得多，业务员向有钱人推销东西，应该更容易些，但事实上并非如此。这些财大气粗的大客户，实际上并不是那么容易搞定。有不少业务员，在拜访完这些客户之后，总是忍不住抱怨：有钱人太挑剔了，不论我怎么努力劝说，他总能找到理由拒绝我们的产品！

这些客户有巨大的购买潜力，这一点是毫无疑问的。但他们为什么就是不肯掏钱，问题的症结在哪里呢？

如果你经常接触到这些大客户，就会发现一种很有趣的现象，他们总给人一种自相矛盾的印象。一方面，他们很节省，你无法说服他们购买哪怕一件很不值钱的商品；另一方面，他们又很阔绰，在一定的场合下一掷千金，很容易被说服。

其实，这种现象我们并不陌生，也许你本人就具备这种特质。

比如，在平常生活中，人们可能因为囊中羞涩而省吃俭用，但到了请客送礼的时候，却可以很有排场、很张扬。再比如，一些家庭省吃俭用，甚至不惜背一身债，只为考上大学的子女读得起大学。很多家庭节省了一辈子，图的就是为了盖一座像样的房子。

诸如此类，不一而足。

人们在不同的消费领域采用了两种不同的消费水平，并用一方的收敛节俭来支持另一方的支出花费。也就是说，他们消费的策略是让自己的一部分生活先富起来。

因此，我们发现，客户消费生活存在两个领域：一个是需要先富起来的领域，一个是还需要节俭的领域。也就是说，人们通过在其他领域的节省、抑制和延迟享受，来支持某个特定领域的消费享受的提早实现。具体体现在以下三点：

①客户根据时尚和“面子”的标准来进行消费（如装修、家具、电话、手机、服装等）的领域，往往比较奢侈。在不为外人所知的领域（饮食）则往往比较吝啬。

②父母往往首先满足子女的消费水准（如教育消费），自己的消费则放在其后，能省就省。

③在交际消费上，大客户往往采取慷慨和好客的策略，以维持“面子”，避免因为“小气”而被人看不起；而在私人消费上，则有可能“克扣”自己。

在这方面，穷人和富人并无本质上的区别。即使是那些腰缠万贯的有钱人，也并不是都那么慷慨大方。他们在某些领域，甚至吝啬得要命。

在这里，大客户在两个不同领域分别采取了两种不同的消费策略：节俭主义的策略和享乐主义的策略。节俭主义的策略是抑制欲望，把需求降低到最低或较低的水平。享乐主义的策略是紧跟消费的潮流和时尚，追逐消费生活的品质和快乐。他们有如两栖动物，在水域和陆地分别按不同的规则来生存。因此，他们可以形象地称为“两栖”消费者。

一句话，大客户行为的本质是什么？一半是“吝啬”，一半是“奢侈”。

如果我们能抓住大客户的消费命脉，在他们乐于消费的领域进行说服，必然能事半功倍。而我们需要做的，就是通过分析，判断出客户在哪个领域是“奢侈”的，在哪个领域又是“吝啬”的。然后根据不同特点，对症下药。

“二八定律”同样适用于客户，做一个嫌贫爱富的营销员

“二八定律”又叫巴莱多定律，它是19世纪末20世纪初意大利经济学家巴莱多发现的。他认为，在任何一组东西中，最重要的只占其中一小部分，约20%，其余80%尽管是多数，却是次要的，因此称“二八定律”。

“二八定律”在营销活动中是一个具有普遍性的规律，如果一个业务员足够细心的话，他就会发现，通常80%的业务收入是由20%的客户创造的；在销售公司里，20%的推销员带回80%的新生意。“二八现象”竟如“黄金分割”一样普遍。

业务人员要想快速提高自己的业绩，必须努力寻找属于自己的目标客户群，避免重复无效的行销活动。从你做市场一开始，就要争取发现“对的”客户，懂得如何挑选客户并想办法“锁定”他们。你要用80%的精力找到20%属于自己的顾客，再以80%的服务满足这20%的人群。能做到这一点，你的业绩必将突飞猛进。这个定律在销售行业中是有效的，每年很多人的销售统计都在验证着它。

举个例子来说，一名业务员全年签单的客户数目有50个，订单有500万，那么每个客户产生的订单金额会是极不平均的：其中的400万应该只来源于10个客户，而其余40个客户总共不过贡献100万销售额。然而，

这位销售员的工作时间分布却看起来很均匀。但事实上这样的“均匀”分配是大大地委屈了我们的重要客户，因为贡献了80%订单的他们才得到了20%的销售时间，貌似平均的时间分配导致了宝贵的资源没有用到刀刃上。

对一名业务人员来说，只要保住了20%的优质客户群，就等于保住了业务的半壁江山了。所以你必须特别重视这20%的大客户、重点客户群，用80%的精力服务、巩固并发展这20%的客户，他们将为我们赢得80%的目标业务。

事实上，很多成功的行销公司，无不遵循着80%的业务收入是由20%的大客户创造的这一定律。有的公司还专门成立大客户部，直接服务于这20%的最优客户，并以各种方式提供VIP式服务，留住他们，提高他们的忠诚度，进而发展自己，提高经济效益。

对于销售中的“二八定律”，业务员即使没有这个理论知识，从自己的实践中也不难总结发现。但事实上，没有遵守这个定律的业务员却大有人在，他们有意无意地浪费了过多的时间在那80%的客户上。那么，难道他们都不知道应该多花一些时间在20%的“刀刃”上吗？根据我的观察，有些业务员是初上手确实不知道，有些业务员则是根据客户的态度慢慢选择形成的。对我们态度友好、有时间和我们聊的客户那里就喜欢去，经常去；而对我们态度冷淡、没有时间和我们聊的客户那里就不喜欢去，甚至怕去。

但可惜的是，那些重要的客户往往由于事务繁忙平常不愿意见业务员，即使见面时间也很短，并且有很多竞争对手的业务员也想见他，更加剧了这种情况。我们跑到那里去，往往要慨叹“我本将心向明月，奈何明月照沟渠”了。而那些不太重要的客户本来就相对比较空闲，竞争对手去得也少，有人倒是很愿意和我们聊，并且聊得很投机。这样不同的氛围当然就容易使我们把时间大多花在不出产订单的地方了。

在营销活动中要想运用好“二八定律”，必须懂得分配好时间。

首先善于分析总结，在较短的时间内准确判断出哪些客户是高产客户，值得分配 80％的精力去频频拜访，而哪些客户只需要保持一定频率的联系即可。

其次是克服自身的心理障碍，敢于在难接触但是重要的客户那里投入时间和精力，遇挫愈强不服输，最终将其拿下。

抓住一切能与客户见面的绝佳机会

唐突地拜访客户，会让客户有压迫感，失败的可能性比较大。你应该寻觅良机来接近你的目标客户。朋友都是由陌生人变为熟人最后成为朋友的，客户也是一样。你的客户之前可能与你擦肩而过，彼此毫不相干，然而随着你的频繁拜访，他们开始认识你。

又过了一段时间，他们觉得你的人品很不错，于是你们开始彼此微笑或者打招呼，然后某一天你找到了他，告诉他：“我可以为你提供一系列服务。”他接纳了你，成为你的客户。这是人与人交往的一般规律，所以你不必苛求自己一上手就能得到很多客户，一切都会随着你的精心服务好起来。有这样一个例子，很能说明问题。

丽娟做销售不久，曾经遇到过一个200万元的大订单，虽然丽娟觉得自己公司的性价比是最好的，但为了更有把握地让决策人在次日的竞标中感情上偏向自己的产品，前一天晚上丽娟带了一点水果去他家拜访。这位决策人是位很正直的人，用过丽娟公司的不少产品，平时丽娟也去过他家几次，都是只带些水果而已，有时候请他在外面吃些比较便宜的饭，有时候他还在自己家里请丽娟吃。

然而那一天，他大概为了第二天的竞标避嫌，当丽娟在外面按门铃时没有开门。丽娟打他手机关机，打他家电话并留言说在等他回家也没有反应。丽娟确认他其实在家，就在外面等了三个小时直到夜深，最后又给他家电话留言说今天等不到您回家了很遗憾，以后再来看您。第二天那个标最终落到丽娟的公司。

从这个例子不难看出，虽然丽娟的技巧很幼稚，但是客户确实至少从丽娟的行为中体会到两点：一是她对这个项目的重视和志在必得，二是丽娟对他个人的尊重和重视。所谓“人心换人心”，虽然他避嫌不肯见丽娟，但是他接收到了丽娟三个小时门外苦候所传递过去的信息。如果你处在他的位置上，你在感情上不也会有所偏向吗？

看到这里，很多人可能会觉得有点难，可世间的大多数事情确实都是知易行难啊！正因为难得有人做到，而我们做到了，金子就在这种地方闪光。

1. 加深和客户的关系

下面的方法可以加深你和客户之间的关系。

帮小忙：小孩推车上楼你帮一把，大婶大妈买菜上楼你捎一程，客户门前的垃圾你带下去……“勿以善小而不为”，这些都会为你积攒名声与美誉。你不妨抽一段时间（推荐一个月）做这些事情，每天有意做些好事，这些行为会成为你终身受益的好习惯。在帮小忙的过程中，你悄然得到了与客户沟通的良机。

用心问候你身边的每一个人，慢慢和他们成为朋友，在成为朋友的基础上让他们成为你的客户。

2. 上门前的三个准备

物品准备：把需要的资料、样品都带齐全。

心理准备：随时准备接受挫折，考虑自己会面临的境地。要有这样的心态：不管怎样客户都是我的亲人，无论他对我怎样，我都会一如既往地关心他，为他着想！

仪容仪表准备：收拾干净一点，最起码要达到推销员礼仪标准。

3. 主动接触客户

这是你成功的重要一环，你需要注意以下细节。

接触态度：注意礼貌，态度稳重而不轻浮，注意客户反应，避免争论。尽量满足客户的一切合理提问与要求。

接触言语：说话速度不急不躁，意思传达准确，发音咬字要清晰，声音沉稳，语气亲切。

接触细节：与客户沟通要循序渐进，不能表现得太激进。

摸准客户脾气再沟通

与客户打交道的时候，最好能摸透对方的脾气性格，这对说服他大有帮助。

一个人一个性格，一个人一个脾气。和不同的客户打交道，如果忽略了这一点，往往会遭遇“不对脾气”，甚至“话不投机半句多”的尴尬。

对一个做事雷厉风行、说一不二的人，你却慢条斯理，沿着羊肠小道跟他“绕圈”，只会让他不耐烦甚至躁动发火。

对一个优柔寡断的人，你也采用优柔寡断的态度与他交涉，常常会因为表达含糊，词义暧昧而沟通失败。

如果你的客户是个呆板而不懂幽默的人，你最好不要对他开玩笑。假如你偏用幽默的语言跟他沟通，他可能会不耐烦地说：“这个家伙，尽跟我说些无聊的话！”

对一些爱露“锋芒”的人，你如果处处抢他的“风头”，必然引起他的敌意和嫉妒。对一些“假正经”，你若真跟他“正经”起来，反而会遭到他的白眼。

许多事例告诉我们：如果你没把握住客户的性格，必将陷入难以自拔的困境。所以你务必要留意，在与客户沟通时，一定要细心揣摩对方的脾气，然后采取有针对性的沟通。

对不同性格的人，有不同的说服方式。有一个基本原则就是，采取与对方性格特征相反的态度。不过，这也只是个基本点，要参考着用。如果对一个生性懦弱的人采取强硬的态度，当然会遭到对方的反感。

我们每一天所做的事，都会产生一定的影响力，而这些事情会直接影响到客户刹那间对你的看法，而这刹那间的看法可能只是出现几秒钟就马上被放在客户潜意识的信息夹中，然后有可能在以后的某时影响客户的购买行为。

所有的企业家以及花钱的客户都是如此，举例来说：如果你在客户面前随便丢个垃圾，客户可能在他的信息记录簿上记录上你是一个随便的人；如果你跟客户约定见面而你迟到了，客户可能就会在记录簿上记录上你是一个不信守承诺的人；如果你在麻将桌上为了输赢斤斤计较，客户可能在他的记录簿上记录上你是一个小气而且输不起的人……这些小事都会在关键时刻起了关键性的作用，有些人被客户开除了都不知道自己为什么失去了客户，其实就是这些你认为非常小的事情在客户的大脑里起了化学反应开始发酵了！

所以一个顶级业务员二十四小时都在做销售，不是销售商品而是在销售自己。销售自己就是为未来说服客户做准备，先创建好自己无可替换的优秀形象以及人与人之间的信赖感。这也是为什么有些业务员可以在很短的时间内就能说服客户，有些人却花了十倍以上的时间却达不到想要的效果，我们所看到的常常只是他人成功说服客户的那个片段，却没有看到他为了说服客户所做的努力和准备。

相反，你也可以从小的地方去观察客户的小动作，借着这些小动作去了解客户需要什么，这就是所谓的投其所好。平常就要开始去满足他的潜意识，不是等到说服客户的时候才去满足他，因为那时候已经来不及了。所以如果你对客户的喜好了解得越多，你就越容易接近客户。成功销售绝对不是运气，肯定是平常用心的结果！

要想赢得客户，你必须站在对方的立场上，用对方的眼光来看问题。看看自己在做销售的过程中，平常的努力以及用心的程度够不够，如果你是客户，愿意向自己买东西吗？如果答案是否定的，那你就需要加倍努力了。

狼性推销学之工艺品销售

艺术品行业竞争激烈，如何在竞争中取得优势，立于不败之地呢？那就要依靠狼性推销学，抓住客户的心理，用十足品位，让顾客对你的商品动心。

你要超级成交客户，使他们接受你的暗示，可以有很多种方法。其一就是不断地重复。用凿子凿一块坚硬的钢板，最初什么痕迹也凿不出来，当你不断地重复用力，钢板上就会出现明显的凹痕，甚至被凿穿。

这就是重复的作用。强调其实是就是重复。

当教师的人都知道强调对于学生的作用。学生的大脑经常被五花八门的知识所包围，当灌输新鲜的知识，或突出重要的知识点时，教师们往往采用强调的方式，以引起学生的注意。

当领导的也知道强调对于员工的作用。布置一项新任务，或突出讲话的重点时，领导们也往往采用强调的方式。

强调可以是内容上的强调。当你强调的东西是以前所没有的新的东西时，你可以用拖长的语调或一字一顿的方式，达到内容上的强调，也可运用重复的方式。

强调还可以是形式上的强调。当你的话语不能引起听者的重视时，你可采用形式上的强调，即特别着重或特别指出的方式以引起他们的注意。

身为艺术品行销员，掌握和运用强调话术是能否顺利完成推销任务的关键。那么，艺术品行销员应怎样运用强调话术呢？主要是内容上的强调。

1. 强调品味

艺术品提高生活品位的功能是你对准顾客强调的内容之一。哪个人不希望自己的生活有品位？生活有品位是每个人尤其是成功人士最起码的要求。

例如：

张先生，买了这件艺术品后，放在你的客厅里，看上去多么有档次，显得您多么有品味啊！

所有的成功人士，都想把自己的家装饰得高贵华丽，如果买了这个商品，你的朋友们到了你的家里，一定会赞叹不已的。

2. 强调受人重视

人性最深处的东西是渴望被人赞美与肯定的。当你强调准客户在其家人中的地位时，就能打动他的支配权欲。

例如：

张先生，您是一家之主，你买了这件艺术品，你的家人一定会夸奖你的眼光，他们肯定会说这是一个明智的决定。你的妻子肯定会为你感到骄傲，因为你是一个顾家的丈夫。

3. 强调累积财富

对大多数人来说，存钱是成功的基本条件之一，但是在那些未曾存钱者的心目中，最迫切的一个大问题是：怎样存钱？

那么你可以告诉这些人一个最好的存钱方法：购买和收藏艺术品。

你可以此为突破口，向你的准客户强调艺术品对于财富积累的意义。

例：

张先生，这份件艺术品收藏价值很高，业内人士对它做了很高的估价，三年以后，这件艺术品一定会增值。这可真是一件不错的投资！

张先生，购买艺术品收藏，是您最好的存储方法。这可是留给子孙后代的一笔不小的财富啊。

4. 强调相同身价

人人都有攀比和追求身价平等的心理。

例：

张先生，这个价位的艺术品，是专门为您这样事业有成、温文儒雅的商人设计制作的，投放市场之后，销售情况很好。

几天前，我拜访了某某先生，他买了同样款式的一件艺术品，并提到您。他相信您也会喜欢这种产品。

合理化建议：

（1）强调以上四种内容时，语气要肯定，缓慢但有力。

（2）有必要时，要重复。

（3）做到有意识强调，引起对方注意即可。

接近客户潜意识的方法

这里提供几个接近顾客潜意识的方法作为参考：

要想超级成交，您必须站在对方的立场上，用对方的眼光来看问题。

1．视所有人为百万元客户

任何人都有可能提供给你成交的机会，也许不是你现在所面对的客户，而是他转介绍的客户。如果他转介绍来的客户下了百万元订单，介绍你去成交的这个客户算不算是百万元客户呢？当然算，甚至他有可能是千万元客户，因为他可能只是因为单纯的喜欢你而介绍了好几个百万元的订单给你，这样的人可能不能再称之为百万元客户了，应该叫做千万元客户才对。可是没有人知道这样的一个人是谁，也许你认识，甚至有可能你根本不认识，也有可能就是你下一秒钟即将认识的那个人。

你的态度将影响你的行为，如果你面对每个人都将其视为百万元客户，我相信你对每个人态度都会和现在有很大的差别。任何人都会有这样共同的潜意识需求，希望被人重视，被人尊重，被人赞美，被人喜爱，被人了解，被人用心对待等等，这些需求表面上看起来好像跟百万元业绩没有直接的关系，但是这些需求都会在百万元业绩出现的时候发挥他的力量，而且负面的力量会和正面的力量一样大，这一切都将从你平常一点一滴所累积的表现来决定了！

2. 从一百个缺点中找出优点

出自于内心的赞美会令人心花怒放。赞美也是人与人沟通之间的润滑剂，尤其是中国人，因为中国人很不容易从嘴巴里说出对人赞美的语言，对自己的客户都是不习惯赞美的，甚至也不习惯接受他人的赞美。因为谦虚是中国人的美德，所以会在心中接受赞美，但是嘴上永远是“哪里！哪里！”“没有啦！没有啦！”。

真诚的赞美的人会获得他人的喜爱。赞美是一种必须的训练，在最短的时间里发现对方可以被赞美的地方更是训练必须完成的目标，赞美的内容可能会是一条领带，一件亮眼的衬衫，流行的发型，新潮的眼镜，精致的办公室，和蔼可亲的态度，很香的一杯咖啡等等，一个失败的销售人员可以从一百个优点中发现一个缺点而去批评，而一个成功的销售人员可以从一百个缺点中发现一个优点来赞美，这就是一个成功的销售人员为什么优秀的地方，因为他能够透过赞美而接近客户的潜意识！

3. 对任何事物心存感谢

一个对任何事都充满感谢的人，嘴巴上会充满赞美，而一个不懂得感谢的人，嘴巴上会充满批评，其实任何愿意与我们会话的人都应该要获得我们的感谢，因为他们都可能是提供商品销售机会给我们的人。诚恳的感谢会让人的心中充满温暖，而这份温暖会让客户的潜意识生成力量，所以懂得感恩的人是有福气的人，他的身边会充满了机会，以及愿意帮助他的人！反之，一个不懂感恩的人会让客户离开，会让愿意帮助他的人离开，会让美好的机会离开！

即使是一个对我们百般刁难的客户都有其值得感恩的地方，谢谢他提供给我磨练自己的机会，谢谢他提供给我改变和进步的方向，谢谢他愿意提供给我一个难得的机会去练习沟通的能力。有人可能会觉得我所说得太理想化了，其实并非如此。我是一个销售员，我期待的是成功的销售，在销售的世界里绝对不可能一帆风顺，我必须要调整我的销售态度，销售技巧，提高销售的抗压性等等。我如何完善我自己，这些人是不是提供了我最好的训练机会呢？成功的销售其实就是从这些难得的机会中累积经验，所以百般刁难的客户是真正值得感谢的人。

用自己的热情来引导客户

销售，也是一种艺术，它就像一场交谊舞，营销人员要能洞悉顾客的需求，双方才能灵犀相通、舞出精彩，实现成功销售。营销人员好比是优雅的领舞者，须有超群的“舞技”，才能带动他的舞伴（顾客）跳出精妙舞步。想成为销售交谊舞的“万人迷”吗？那么，你必须掌握有效沟通技巧，学会发送和接收各类信息，解决销售中的各种问题，并与顾客建立互相受益的关系。

当你瞄准舞伴（顾客）后，第一件事就是巧妙地向他发出邀请信息。这相当于在销售过程中，你结识一位新顾客，并给他留下良好的第一印象。这虽是一个短暂的交流过程，却能为此后的进一步拜访做好铺垫。所以，要好好拿捏信息交流的技巧。

首先，要用积极的语言传情达意。积极的语言能更好地引导顾客从有利的一面看待产品，促进产品销售。请比较下面两种措辞方式：

①这部手机价格虽然贵了些，但功能齐全。

②这部手机功能齐全，性价比也很合理。

显然，方式①容易使顾客陷入手机价格贵的消极考虑；而方式②使用了积极的表达方式，引导顾客从积极的方面看待产品，给顾客留下了良好的产品印象。

其次，避免使用带强迫意味的词语。强迫性的措辞会让潜在顾客觉得丧失了主动权，产生逆反心理。例如，“这星期哪天方便，我们见见面？”比“我们在星期一上午10点见面还是在星期三下午2点见面？”的效果会好得多，后者具有一定的强迫性。

语音、语调及强调的词汇，都会直接影响顾客理解和接收信息。请你把“他告诉我他是你的朋友”大声读5遍，每读一遍，变换所强调的词汇，你会发现所强调的词汇不同，这句话的意思也发生了变化。汉语是世界上最奇妙的语言，一句话可听出多重意思，所以，你在进行产品介绍时，须明白自己的讲解重点，再借助语音、语调和词汇强调来准确明了地表达自己的意图，以保证顾客所接收的信息与你的意图相吻合。

此外，语言沟通必须和非语言沟通结合，才能取得更好的效果。你的手势、表情、目光、姿态、服饰与发型都会影响到顾客对你陈述的信任。那些坦然、放松的姿态更容易讨得对方的欢心，也更容易影响对方的意见。

工业市场的购买心理

在工业市场上，购买者往往是以组织（比如公司）的方式出现的。组织作为一个整体总是有其自身的特点。这些特点之所以能够形成，往往是由于组织创立和发展初期的一些主要因素造成的。即使这些因素都已经不存在了，以前的政策、方法及一些习惯性行为仍然会在不同程度上持续影响组织的经营方式和风格。

不过，在这个市场上，虽然主体是一个组织，但表现出来的仍然是人，因为往往是人在代表组织采集产品和劳动力。在做生意的过程中，人们所考虑的产品，一般都希望既能满足自己的基本需要，同时又能满足组织的需要。

显而易见，组织需求是组织购买动机产生的根本缘由。因此，组织需要的通常是什么呢？

1. 组织的外在形象

组织的外在形象一般指对公司的一种包装，是组织按照人们所期望的样子设计的。组织的外在形象往往是由生成组织一体化经营形象的不同因素构成的。比如说，如果一个公司，自认为是一家生产精美产品或能为消费者提供优质服务的公司，那么它就会采购那些质量也是最优的产品或服务。组织的外在形象还体现在某些规范中，如正式场合、服装样式以及身份特征等。应该强调的是，组织形象是作为一种传播于消费者当中的声誉而存在的。

正是为了完善并保持这种声誉，组织才尽最大可能去购买与之相对应的产品与服务。

2．组织的生产效率

有些企业购买产品的最终目的是为了提高生产效率，因而特别在意产品对于生产效率的影响，这包括节约时间和节约费用两个方面。

3．组织的盈利

重视生产效率最终所要达到的目标是为了获取更大的经济利益。组织的存在和发展，前提都是能够获得足够大的利益，进而才能扩大生产。即便是非盈利性组织，其预算平衡也不是随便就能够被打破的。

无论从长期还是从短期的角度出发，节约成本都是非常关键的。节约成本、增加收益是组织最迫切、最根本、最重要的一种需求。因此，组织在采购产品时，不管是购进原料、设备，抑或是购进商品进行二次销售，都会充分考虑到价格的因素。购入价格在销售成本中扮演着一个重要的角色，它会直接或间接地对其盈利水平产生不同程度的影响。组织购买的时候往往会货比三家，尽量抓住卖方之间相互竞争的有利形势，来获得比较合理的价格。

4．组织的服务

组织在购买商品时都希望能获得最优质的服务，特别是一些企业或公司在购买技术条件要求较高的商品时，不仅要考虑各类供应商的技术层次，而且还要考虑到其是否能准时交货和提供必要服务的能力，如技术支持、使用保养、产品检测、售后维护、交货速度、对组织需要是否能迅速做出反应、供应商在行内的信誉和是否能够给予其支付的优惠等。

推销活动的策划

每一个推销人员在正式进入销售角色之前，都必须对自己接下来的行动有较为全面的、清晰的把握。他应清晰地了解自己在未来特定的时期内所希望达到的目标和高度，并因此制定出相应的计划。然后他又必须通过某种特定的方式寻找到能帮助他实现目标、成为他进一步合作伙伴的潜在客户，并能够“以他们为核心”制订出一套周密的拜访方案，以便能在接下来的洽谈中达成一致，从而为交易的成功打下良好的基础。

这一整套活动是环环相扣的，其中每一个环节执行的成败，将会直接左右推销的下一步发展，改变推销的最终结局。因此，它虽然属于推销活动之前的准备工作，但其实是作为自己内心的一张王牌，不容有失。因此，推销人员绝不能有丝毫的侥幸之心，否则必将自食其果。

推销员在进行推销活动之前，应该首先能够确定自己的目标并起草出相应的计划。

没有详尽的计划，光拿自己的商品到市场碰运气，存在着“卖多少算多少”心理的推销员肯定是一个盲目的、不负责任的推销员。他会丧失高质量、高标准完成任务的动力，不能从时间上、成本上来判断现行的推销行为是否合理；他还会缺少明确的目标，时刻处于被动的地位，而最终沦为一名平庸的推销员。

可以说，如果缺少必要的计划就没有推销可言，有些经验丰富的推销员可能从不在纸上写计划，他们可能只是在回想中才判断出他们所干的事的合理性，然而，这丝毫不能说明他们就没有做什么计划，只是他们的计划与传统的计划方式和过程完全不同，其隐蔽性如此之好以至于别人根本无法察觉出来。在当今社会，信息量呈井喷式增长，现在市场的竞争显得越来越激烈，而我们面对这个风云变幻莫测的市场，如果光靠侥幸的心理来获取利益是根本行不通的。

在制订行动计划时，千万要小心，以免把计划搞错了，制订一个错误的计划比不制订计划造成的后果更严重，它会让你付出的努力成为一江春水。如果连基本的方向都没有把握好，那么即使你的准备工作进行得很充分，想要取得成功也是不可能的，而且它肯定会给你的事业带来意想不到的危害。那么怎样才能制订一个方向正确、思路清晰的完美计划呢？最重要的是你的计划内容要具体，不能天马行空泛泛而谈，最好的方法是将销售任务量化并加以确定。

比如一个家电公司的推销员根据其月销售额10万元的目标及市场行情状况，制订出这样的计划：电视在城市的销售额要达到4万元，在农村要达到2万元，洗衣机在城市的销售额要达到3万元，在农村要达到1万元。

销售任务的量化有助于推销员根据不同情况制订出相应周密的行动方

案，如果推销员以为只要能卖出去就可以了，而不在农村和城市的销售额中间制定出一个具体的目标，那么你就不会知道你应该将工作的中心放在什么地方。

例如，洗衣机的销售重点一般是在城市，而缺乏经验和计划的推销员却可能会到农村的客户那里去使劲，结果肯定是完不成月销额10万元的任务指标的。

好的计划在内容上是比较完整的，便于销售人员实施。

比方说，推销员在制订推销某种新型吸尘器的行动计划时，就应该充分考虑到以下几个方面的内容：

（1）了解这种吸尘器具有哪些特征，与竞争对手的产品相比有哪些优势和缺点。

只有让顾客充分全面地了解到商品的优势所在，顾客才会有购买你的商品的可能，如果你对商品没有充分的了解，就应当在平时的工作中多积累、多学习，争取成为内行。如果连你自己都不清楚这种商品的功能和操作方法，又怎么能说服别人购买呢！

（2）运用好推销的技巧。你可以先让顾客试用一段时间，如果顾客觉得合适的话再付钱购买；你也可以在周末多数家庭都在打扫卫生时带上吸尘器上门亲自演示一番，让他们了解到使用你的产品能省时、省力并最终来购买。

（3）了解在你所推销商品的地区的人群中有哪些人有可能成为你的顾客，也就是你所要寻找的潜在顾客。关于这一点我们会在后面有专业介绍，这里就不具体说了。

（4）进一步探求在这些潜在客户中顺利推销吸尘器的办法。这是建立在上述第二点的基础上，并能充分结合当地的实际情况来设定的。比方说，你可以通过自己的分析找出这些地区中有哪些人可能是领导消费潮流的人。因为人们一般会肯定这些人的选择是正确的，愿意遵从他们的意见，也愿意采购他们已买的商品。因此只要能将他们变为你的顾客的话，你也就会拥有一大批的“连锁客户”。

从现代推销的实践过程来看，某个地区领导消费潮流的可能是该商业区的最负盛名的商店、公司，如北京的王府井百货大楼、西单商场、西单购物中心等，这些商店进的货品，往往也会左右其他中小型商店的进货方向，所以很多厂家即使明知亏本也要在这些大商场中获取一席之地。也可能是一些比较著名的人士，如演艺明星、体育明星等。不少厂家不惜花费巨资让明星穿上印有自己商标图案的衣服，来为自己的产品做广告，其用意就在于此。推销员在找出领导消费潮流的人之后，就可以专心致志地对他们进行游说，在经过他们的购买和亲自推荐后就可以获得“以点带面”的积极效果。

总之，不管怎样，推销员在制订计划时应具体考虑到该地区的情况，做到有机可循。

（1）竞争程度分析。

很难想象一个地区内就只有你一家在推销这种产品，在一个区域内可能存在很多像你一样的人，你们之间存在着非常激烈的竞争，你在制订行动计划时，应该事先分析你的销售区域内都存在哪些竞争者，他们自身的实力如何，他们采取的是什么样的推销方案，他们彼此之间是否也存在竞争，他们对你的了解程度及他们与潜在客户关系相处得怎样等。

在必要的时候你可以寻求公司其他部门的帮助，如产品的设计部门、市场信息部门的帮助，同时，你还得清楚自己产品的竞争潜力如何，能否与他们进行竞争，以及和他们竞争时你都可以利用你自身的什么优势等。只有知己知彼，才能百战不殆。竞争程度的分析对你制订的计划影响非常大，如你了解竞争对手的计划方案，知道对手在什么时候拜访客户，那么你在制订拜访日期的计划时，就可以使自己的拜访日期比他的提前几天，这样你就能先下手为强，从而抢先拜访客户并可能签订合同。同时针对对手的营销策略，你也可制订出与之相比更新颖、更有效的销售计划。

总之，推销员要仔细分析竞争状况，不要恐惧它，而应直面它，打倒它。毕竟它对于你的最终成功是有贡献的，千万别因为厌恶竞争或盲目优越而蒙蔽自己的眼睛。

（2）推销过程的开销分析。

推销中包含不少开支，如差旅费、电话费用、礼品费等。总的来说，推销方面花费的费用不能超过推销总额的10%。举个例子，推销1万元的商品，推销费用不能多于1000元。

因此，在对顾客进行推销时，如果他不是领导消费潮流的重要顾客，就不能在他身上花太多的费用，也就是要时刻关注投入与产出之间的关系。

另一方面，推销员的时间也是非常有限的，以一年300天的工作日计算，每天工作8小时，那么一年中真正工作的时间其实仅仅只有100天，而能与客户进行面对面交谈的时间大概只有70天。推销员要充分抓紧自己的黄金时间，如在制订计划的时候可以让自己每月的上旬就能够完成销售目标的50%，中旬完成40%，下旬完成10%。在制订计划的时候，千万避免让下旬完成50%，因为如果你制订这个计划之后，到下旬的时候你就会被“只剩下10天了，却还要完成50%”的情绪所困扰，那你将很容易陷入被动局面。在急躁的心理条件下推销出去的商品，也特别容易发生买主要求退货或索赔的事，这会对你日后的推销工作带来很多不必要的麻烦。

（3）销售责任数额的确定。

每个月销售责任额的目标应该订得稍高些。推销员只有在不断进取的过程中，才能积累自己的推销经验，完善自己的推销技巧。

假如你今年原本目标是推销100万元的商品，那么在你制订销售计划时你的销售责任目标就可定为110万元，因为只有这样，才能带给自己前进的挑战和动力，从而充分发掘自己的潜能。相反，如果你仅仅订到100万元，甚至90万元的话，那么你很可能就会因此而松懈，而这样的结果往往是最终达不到100万元，从而被无情的现实竞争所淘汰出局。在你确定年终销售总额之后，你还得进一步明确你的销售地区和每个月的销售责任额，使你制订的计划能够真正做到内容具体细致，而且便于自己实施。

第六章

完美服务，让客户找到上帝的感觉

购买的过程其实就是一种心理过程，人们之所以向你购买产品，是因为你能够让客户进入一种情绪状态。喜欢、惊讶等情感体验能够使客户打破自己的心理平衡，产生购买的决定。比如说电视广告往往先通过声音或者画面，让你进入快乐、兴奋或惊讶等不同的状态，然后再出现产品或品牌的名字，再加上不断重复地播放，久而久之，你看广告时的情绪状态就跟产品本身联系到了一起。当你再见到这种产品的时候，你的心里就会再现原来的情绪体验，这种体验会促使你不由自主地去选择这种产品。

随时与客户保持互动

对于一种商品，如果只是让顾客在一旁观看，顾客感觉就有些像“雾里看花”，比较容易厌倦，更谈不上使顾客产上“恍惚”和“忘我”的状态了。相反，如果让顾客参与其中，他们对商品就能够保持热情，会有新的发现，这样离“超级成交”的目的就不远了。

就拿一些美容院或健身中心为例，他们会免费送给客户一些护肤美容卡或体验券，让客户亲自体验美容护肤或快乐健身的感觉，看到美容、健身的效果。通过亲自参与，给客户留下深刻印象。客户在潜意识中就会认同、接受这些美容品或者服务，“超级成交”的目的就达到了，这样他们就会购买更多的美容品或服务。

汽车销售的过程也是这样，在你的整个销售过程中，你应该尽可能地让客户引导整个演示过程。客户参与得越多，就越有一种做主人的感觉，对你的产品也就越有认同感，也就越容易决定购买。

所以你在与客户沟通时，一定要避免一个人唱独角戏，而是要尽量让客户参与进来，发挥参与感的影响力。多问客户一些问题，让客户多说，以了解对方的需求，造成和客户之间的互动。一场 20 分钟的独白远远不如 10 分钟的对话更容易勾起客户潜意识里购买的欲望。

请看这样一个销售场景：

一位年轻时尚的销售员精神饱满、面带微笑地将客户引到汽车的前面。

销售员：这款车是流线型的，最适合年轻人开，尤其是这种银灰色，是今年最流行的颜色，开出去既炫又亮眼。（示意他可以摸一下）

客户：看起来很不错。（客户打开门然后关上门，砰！）

销售员：你看多么扎实，这辆车的结构非常安全，从关门的声音就知道，一般的车关门声都是空荡荡的，这个关门声您都听到了，多么扎实，单单听关门的声音就很舒服！（销售员再打开车门，招呼客人进到车里）

销售员：您一进来是不是有一种紧紧的包实的感觉，当你开车的时候会觉得很安全。然后你看发动引擎，踩一下油门，您有没有听到怒吼声？仿佛在跟我们说，我想要出去跑了！

客户：是啊！我感觉到了！

销售员：当您拥有这样一辆车，您一定会得到朋友们更多的羡慕，而且很适合您的身份。

客户：嗯，那就要这辆车吧。

这位汽车销售人员通过让客户触摸车身、开关车门、坐到车子里面等，满足了客户的参与感，激发了他潜意识中对购买车子的欲望。通过强调车子的舒适性和客户拥有这辆车后的感觉，充分调动了客户的想象力，从而激发了客户的占有欲，使他对这款车子欲罢不能，最终买下了这辆车。

人人在潜意识里都有着占有的欲望。在恋爱中的男女最容易表现出占有欲。如果你在一个地方发现你的女朋友正和一位帅哥聊得不亦乐乎，你会有什么样的感觉？而如果你是女孩子，有一天发现自己的男朋友正和一位漂亮的女孩儿走在一起，你是不是很生气？这些都是人的占有欲的表现。当人面对商品的时候也是这样。在销售中如果你能够通过言行，激发顾客的想象力，对其进行积极的心理暗示，激起客户对产品的占有欲，你就成功了一半。

那么怎样才能激发客户的想象，让他们得到拥有这种产品之后的美妙感受呢？可以有两种方式，第一种是上面说的让顾客亲自体验一下。另一种方法就是通过语言，用你的语言勾画出他拥有这种产品后的情景，使他们体会到拥有这种产品之后的美好感觉。

当然，在你说这些话的时候，你要尽可能地压低声音，减慢语速。另外注意要有充分的自信心，让他们感到你在这个方面是最权威的，这样他们就会相信你所讲的每一句话。

例如，你要是销售跑步机的话，你可以这样说："当你早上起床，穿上运动鞋和休闲装，然后打开窗户，深呼吸一口清新的空气，明媚的阳光照在身上，这时你踏上跑步机，轻松舒畅地开始跑步，你的速度由慢到快，当你轻微有些出汗时它会提醒你时间到了，然后你开始洗浴，梳洗整齐，穿上刚刚熨烫过的职业装，信心百倍、神清气爽地走出家门，开始一天的工作。"

这种方法也可以用来介绍产品的功能，例如你是销售打印机的，你可以目光温和地直视着你的客户，缓缓地说：

"如果家里有这样一台多功能打印机，会给你带来无穷的乐趣和便利。客户打电话过来需要发传真，不必去找传真机，你只需轻轻按下接收传真的按键就可以；如果你需要把一些重要的图片放在电脑里，不用去找扫描仪，只需把图片放好，按一下扫描的按键，资料就会输入你的电脑；如果你需要的资料很多，也不必到外面去复印，自己就可以做；另外，你还可以利用它制作自己喜欢的各种照片，形象逼真，会让你爱不释手。”

又如你是销售磁疗寝具的业务员，你可以一遍让客户先舒服地躺在你的产品之上，然后缓缓地告诉他：

“我们每个人的时间都非常宝贵，即使身体有些不适，也很难有时间去看医生，但是疾病就是这样日积月累造成的。突然有一天您跌倒在路上，那是一家人的不幸，而我们的磁疗寝具不需要您刻意去使用，不会占用您的时间，也不会占用您家里的空间，只要您把它铺在床上，每天睡觉就可以了。”

相信客户听了你生动形象的描述，肯定没有几个不动心的。这种绘声绘色的描述其实比干巴巴的介绍要管用许多倍。因为这样可以让他们感觉到拥有这个东西之后的幸福、快乐。做到了这一点，你就成功了一半。

所以说，不管销售什么产品，你把东西介绍明白还远远不够。你还要通过你的语言，让他们看到、听到、尝到、闻到、感觉到，让他们全方位地感受你的产品，让他们体会产品将会给他们的美好感受。这种做法，其实就是对客户进行“超级成交”。

让客户美好感觉跟你的产品联系起来

购买的过程其实就是一种心理过程，人们之所以向你购买产品，是因为你能够让客户进入一种情绪状态。喜欢、惊讶等情感体验能够使客户打破自己的心理平衡，产生购买的决定。

一些电视广告就是这样。电视广告往往先通过声音或者画面，让你进入快乐、兴奋或惊讶等不同的状态，然后再出现产品或品牌的名字，再加上不断重复地播放，久而久之，你看广告时的情绪状态就跟产品本身联系到了一起。当你再见到这种产品的时候，你的心里就会再现原来的情绪体验，这种体验会促使你不由自主地去选择这种产品。

就以麦当劳为例，为什么很多小孩子非常喜欢麦当劳？不是因为麦当劳的东西特别好吃，而是麦当劳公司很会行销，它把快乐和麦当劳连在了一起。

麦当劳有这么一个广告：

一个坐在摇篮里的婴儿，在摇篮升起来的时候呵呵直笑，而当摇篮落下去的时候他就会哭，为什么？原来当摇篮升起来的时候，孩子会看到窗外麦当劳大大的明显的“M”标志，而当摇篮落下去的时候就看不到了。

这就把快乐和“麦当劳”三个字联系在一起——看到麦当劳就会快乐，想到麦当劳也会快乐。

这在心理上就是一种超级成交，看到某种东西或情景莫名其妙就会有某种特定的感觉。

前苏联科学家巴甫洛夫做过一个很有趣的条件反射的实验：他把几条狗关在笼子里饿了好多天，狗非常饥饿。一天，巴甫洛夫拿着一块烤肉放在笼子旁边，这些狗能看到、闻到就是吃不到，它们就会产生一种生理反应——流口水。在这些狗流口水的时候，巴甫洛夫就摇一个铃铛，每次流口水就摇铃铛。经过几次同样的情景，他把这些狗全部喂饱了。当这些狗吃饱后，巴甫洛夫突然摇铃铛，那些狗莫名其妙地开始流口水，虽然它们已经吃饱了。为什么？因为巴甫洛夫给这些狗做了神经连接，把铃铛声和流口水连在了一起，无论以后狗是否吃饱，只要听到摇铃铛就会流口水。

这是一种潜意识的心理反应，每个人都有过这样的体验。例如：当你看到五星红旗升起来的时候，就会有一种民族自豪感；当你听到一首非常熟悉的歌曲，就会有一种特定的感觉；当你处在花前月下的情境中，就会找到初恋的感觉。人只要在特定的情绪状态下，不断接受一个特定的刺激，就会在潜意识当中把当时的情绪和看到或听到的刺激因素相连接，只要刺激物一出现，就会产生那种情绪状态。这个刺激物，也许是看到的，也许是听到的或是感觉到的。

在销售中，我们也要尽可能地做到让客户一看到我们的产品就很兴奋、很愉快。如果你做到了这样，那么你成交的概率就会非常高。

在你的销售过程中，你可以有意创造一种愉快的交谈气氛，或讲一些幽默的小故事。当客户开怀一笑时，你可以把他的目光引向面前的汽车。客户再次大笑时，你可以再次指着方向盘对他说："你摸一摸手感多好，舒服得很呢！"如此重复几次。当客户拿起产品的时候，就会说："我怎么一看到这款汽车，就喜欢得不得了。”这个时候你的超级成交就成功了。

销售要想获得成功，一定要把客户引领到一个令其愉悦、放松的情境当中，不然的话客户很难放松警惕，人在意识清醒的状态下是很难做出购买的决定的。你要让他们看到你的商品就感到快乐，这时候，客户就渐渐进入了一种“恍惚”的状态，你销售的成功率就会大大上升。

如果在你的销售中没有达到一种和谐的快乐气氛，顾客的感情冷淡，没有兴奋起来，那么你最好不要先谈买卖，因为那样常常也是事倍功半。你可以先问客户一些问题，因为问题会转移客户的注意力，并引导客户进入一个正面的情绪状态。

例如问客户：“你生命中感到最快乐的一件事是什么？”“现在有哪些事情让你感到高兴？”“你对什么事情感到兴奋？”等，一旦客户进入状态时，他们就会有很好的感觉，然后你再谈产品。你先让客户感到高兴，再谈你的产品，这样客户就会把正面美好的感觉和你的产品联系在一起了，这样客户自然愿意和你成交。

揣摩客户心理进行服务

有些销售员对待客户过于冷淡，这样当然不好，但也并不是热情的服务就代表完美的服务。完美的服务应该是恰到好处地在销售过程中对客户提供服务，这就要揣摩客户的心理，针对他们的心理提供服务。

一般地，当客户刚刚走进展厅的时候，绝大多数的客户希望自己可以先看一下展厅内的汽车。这个时候，他们一般不喜欢销售人员去干预他们。

这时候你要做些什么呢？你可以打招呼、问候，并留下一些时间让他们自己先随意看看，或者留一个口信：“您先看着，有问题我随时过来。”这样他就会对你有一个好的印象，不是把你当成跟他对立的销售人员，而是当成一个可以提供帮助的朋友。这是“超级成交”的第一步。

当过了一会儿，客户的目光聚焦点不是汽车的时候，这时他们在找什么呢？在找销售人员。

你要注意他们的动作，他们拉开车门，要开车前盖，或者他们要开后盖等，这些都是信号，是需要销售顾问出动的信号。

你如果直接上前介绍这款车的性能特点，往往不会起到很好的效果。因为这个时候客户对于产品和销售员，都存在一些心理戒备。如果直接进入销售，很显然你很难调动他们的潜意识，对他们实施超级成交。你应该首先降低客户的戒备心，逐渐缩短双方的距离，然后再逐渐向汽车话题转换。

成熟的销售人员非常清楚，这是客户从陌生到开始沟通的时候，一般不先说与车有关的事情。可以谈刚结束的车展，还可以谈任何让客户感觉舒服的、不那么直接的、不是以成交为导向的任何话题。比如，可以是与客户一起来的孩子，长得真高，多大了，比我侄子可高多了；也可以是客户开的车，或者客户开的车的车牌，您的车牌号码是特选的吧，等等。不知不觉中，他已经被你“超级成交”了，他在心里已经把你当成一个老朋友，至少不再是一个陌生人。这个时候，也是你自我介绍的时候，介绍的时候你一定要充满自信，声音洪亮，让他们感到你就是这个方面的专家，完全可以信赖。

慢慢消除了客户的心理戒备，逐渐缩短双方的距离，然后就可以逐渐向汽车的话题转移了。

在交谈的过程中，你要进一步了解你的客户。他为什么要到这儿来呢？一个人要来买车，这背后其实可能有许多种实际的需求。是想提高身份，还是运输的要求？也可能就是以车代步，更可能是圆梦。弄清楚他的来意，销售的过程中就能有的放矢了。

下面这三方面应该是你必须先了解清楚的：弄清来意、购买角色和购买重点。

弄清来意：他们到底是来干什么的？顺便路过的？如果他开始仔细地看某一种车型，那么看来有一些购买的诚意了。

购买角色：到展厅一起来的三四个人，只有一个才是真正有决策权的人，那么其他人是什么角色？是参谋、行家，是司机、秘书，还是朋友？

购买重点：这是影响这个客户做出最终采购决定的重要因素。如果他的购买重点只是价格，那么车的任何领先的技术对他来说都没有什么作用；如果他的购买重点是地位，那么你谈任何优惠的价格等因素对他也不构成诱惑。

只有把这一切都弄明白了，你提供的服务才是行之有效的，才是完美的。不然你就是无的放矢，永远也将客户“超级成交”不了。

当然，让客户体会到热情周到的服务，将是你销售成功甚至是拉回头客的好办法。要做到这一点并不容易。你要时时有一种为顾客着想、满足顾客需求的一种意识。把这种意识落实到工作中就是积极主动、耐心周到、千方百计地帮助顾客解决问题。

有这么一个故事很能够说明问题：

有一位女顾客到一个商店为其八个月大的孩子买奶粉。销售员热情地询问了解后，为顾客介绍了一种适合她孩子吃的奶粉。此品牌奶粉当时正搞活动，顾客买了两箱奶粉，并顺带买了一辆“儿童三轮车”。销售员帮顾客将所有的商品送到收款台。顾客交完款后，销售员主动对顾客说：“请问您是怎么来的？有车吗？”当时销售员发现她没有别的同伴，这么多东西不好拿，外面有车也拿不出去。

顾客听完销售员的询问很是感动，对他说：“谢谢你，我自己坐车来的，要坐三轮车回去。”销售员找来小车帮助顾客把商品送到了商厦门口，并为顾客看着商品，让顾客去找三轮车。因顾客的家离商厦比较近，而三轮车夫要价高，在双方未协商好价格的情况下，三轮车司机刺激了顾客，让顾客当时很难堪。

看到此状况，销售员忙走上去对顾客说：“您稍等一下，我帮您找辆车吧！”顾客向他投来感激的眼神。他为顾客找了一辆三轮车并谈好了价格，帮助顾客把商品装好。当顾客坐上车后，连声向他道谢。

从那以后，这个女顾客成为这个店的回头客。

服务意识是随时可以体现出来的，我们只要随时有为客户服务的意识，就能真正把客户当作自己的亲友，满足顾客的需求。这样客户也会对你产生美好的印象，在潜意识中接受你，从而也接受了你销售的商品。

想客户之所需，并满足之

要对顾客进行超级成交，首先要知道他们心里想的是什么。从人的心理来讲，每个人最关心的是自己，关心自己的生活、自己的工作、自己的利益。客户不关心你是谁，也不关心你的产品，更不会关心你的公司怎么样，因为这些都和他没有关系。你说的一切对他有什么好处，你的产品或服务能够给他带来哪些利益，这才是客户最感兴趣和最关心的。

作为食品销售员，你带给顾客的好处或利益是什么呢？毫无疑问就是健康。

今天，我们该吃什么，正成为人们心头的一大疑问。在苏丹红咸鸭蛋、孔雀石绿桂花鱼、渔药残留多宝鱼多起食品安全事件发生后，人们的反应近乎于慌乱。不少人在迷惑，吃什么才安全？

如今，食品安全问题只要与致癌物发生关联，人们的反应几乎等同于吃了就患肿瘤。“这不是触电，一碰就生癌；也不是氰化钾，一吃就倒”，这就反映出现在社会中人们对于食品的要求，味美当然是一个方面，另外健康是最重要的。

在销售过程中，你一定要经常告诉客户，你的产品在制造跟运输的过程中，都是最卫生的。所以食用之后带给他们的就是健康。不论销售什么商品，都不要让顾客感到他的购买会给你带来什么好处和利益。而是相反，要强调你的产品会给他们带来什么好处。

在你销售食品的时候，你只是介绍你的食品都有哪些成分，客户一定会感到很枯燥。如果你告诉他，吃了这种食品，他们将会变得越来越健康，会降低他们的血脂，增强他们的精力，他们肯定会动心的。

无论你销售的是什么产品，请你找出这种产品带给客户最大的好处是什么。对客户来讲，他只有明白产品会给他带来好处并避免麻烦才会购买。不要只是说“我的产品质量好、服务好、信誉好”，这些都是一些空洞的东西，不会引起客户的兴趣。你推销的产品要有一些独到之处，要能让客户感受到是他所需要或喜欢的。

一家旅行社的销售人员向乔·吉拉德销售夏威夷旅行计划。“你亏待了自己和您的夫人了，”她微笑着说，“生命太短暂了，像您这样努力工作却不给自己奖励是不行的。况且，度完假回来之后，您的状况会很好，会销售更多的车来弥补这次的花费。我确信您回来之后，会持续一路向前冲。养精蓄锐一番，您会有意想不到的效果。”这位销售人员总是强调旅行给客户带来的利益和感受，自然会引起客户的兴趣。

销售要想获得成功，一定要把握他想要的是什么，不然的话所有的努力都将是徒劳。比如食品销售员面对的顾客，他们关注的问题就是健康，所以你要时时刻刻把健康放在首位，让顾客相信你的产品是能带来健康的，那么离他们消费你的产品就不远了。

与客户成为朋友

人在潜意识中总是相信自己的朋友，相信跟自己熟悉的人，而对那些陌生人往往有一些排斥和戒备，这是人之常情。如果你能让你的客户感觉你就是他们的朋友，你的销售其实就成功了一半，不是吗？如果那样的话，他们对于你所说的一切，都会有一种信赖感，他们会对你的商品质量深信不疑，他们就永远成了你的“被超级成交者”。

让客户感觉你是他们的朋友并不是一件容易的事情，这首先取决于你对待客户的态度。许多公司培训自己的学员时经常做这样的练习：

先找出四个学员，然后与每一个学员用不同的问候方式交流。

对第一个学员，你面无表情地只说一句：“你好！”对方的反应也是冷淡的“你好”两个字；对第二个学员，你面带微笑，同时主动伸出手说“您好”，对方也是面带笑容，主动和我握手说“您好”；对第三个学员，你说“您好！我姓某某”，同时伸出手，对方也和你的反应一样，并告诉你他姓什么；对第四个学员，你说“您好！很高兴认识您，我叫某某某！”对方也和你的反应一样，同时告诉你他的名字。

这说明对方对我们的态度，取决于我们给对方怎样的影响和刺激。销售中客户会根据我们的表现和态度来做出相应的反应，如果缺乏主动和热情，很难影响客户的想法和行为，更谈不上对客户进行“超级成交”了。

一个人最让人无法抗拒的魅力就在于他的热情。一个销售员是否热情，决定了客户是否喜欢他、亲近他、接受他。热情感染着客户们的情绪，带给他们美妙的心境，让我们感到愉快和兴奋。在这种和谐的气氛中，他们就会不由自主地对你的商品产生好感，最终跟你成交。

所以说对于一个销售员来说，热情能让客户感到他与你是一种朋友关系，而不是销售跟被销售的关系。如果他们当你是朋友，就会相信你所说的一切。当签订订单的时候，他们也许会说，你们公司的业绩并不是最好的，但是跟你在一起，我是最快乐的。热情能带来幸运，因为人们都喜欢和热情的人在一起。一个销售人员如果缺乏热情、面无表情、像机器人一样，那么谁也不愿接近他，更不用说购买产品。

“狼性推销学”的理念就是，要变客户为朋友。世界说很大就很大，说很小也挺小的，同一个城市，要遇到一个人很难，要遇到一个人也很容易。要做长远的生意，就要把客户当成你的朋友，让他们感到把钱花在你这儿值得，并且信任你，这个很重要。

好多成功的营销者，在工作中跟他的客户都成了朋友，把生意当作朋友来经营，让你跟客户都感到开心。这样既能谈成一笔生意，又多一个朋友，多一条路。

给客户完美的第一印象

销售和营销说到底是满足客户需求的过程，也就是说你的产品的特性、优点能给客户带来利益。但不可否认，除产品外，销售员在拜访客户中的一些细节处理，对销售的成功率也有重要的影响。

首先要重视你给顾客的第一印象。这一点，在我们日常的人际交往过程中，常常可以体会到。一个穿着整齐得体、谈吐自然流畅而又充满自信的人，往往给人一种十分愉快的感觉，自然，人们也就愿意与这样的人接近、打交道，自然双方就容易沟通。

完美的第一印象可以打消准客户对业务员的心理戒备。有了客户初步的心理上的接受，才为你实际性的推销打下坚实的基础，因为只有在这种情况下，你才有机会与顾客倾心交谈，否则，即使准客户让你介绍，也可能只是敷衍。良好的第一印象，即使你初次推销不成功，还有向客户介绍的机会，有在以后成交的机会。

完美的第一印象，能使他人如沐春风；完美的第一印象，能使他人情不自禁打开锁闭的心扉与你侃侃而谈；完美的第一印象，意味着你以独特的个性魅力做了无声的自我介绍。

完美的第一印象，就是无论在什么场合都注重外表穿着是否得体，肢体语言是否与言辞表达相符，礼貌仪节是否周全。

美好出众的仪容外表并不代表一定会成功，而诚恳的态度却能使你树立最佳形象。同时应该注意，自重待人，诚信待人。

所谓“自重者，人恒生之”，一个能尊重自己、尊重自己职业的人，也能尊重他人及他人的一切，并赢得他人的敬重。一个连自己都看不起、对自己的职业信心不足的人，又怎能期待他人的尊重？

（1）当顾客拒绝你的销售，态度不友善时，你千万别恶言相对，你可以换个角度来看，可能顾客对你们的服务不了解才有这样的反应。

（2）你应站在顾客的立场来看问题，谅解顾客的行为，并更加诚恳，以获得顾客的认同。

同时在工作中要保持良好的风度，要成为顾客心中理想的经营者。因此，你要做到：不要诋毁其他同行业行销人员、公司、产品；不要与客户起争执，要想着“客户永远是对的”；不要急功近利，让客户感到害怕、厌恶，切记不要“贪”。

成为餐饮服务业中的佼佼者

餐厅的经营是极富时代性、创造性及挑战性的，要经营成功，我们必须先了解时代的需求和消费者的心理，才能够适时地对他们进行超级成交，才能创造出自己的魅力。

随着时代的演变，消费者的需求在质与量方面都有了很大的变化，追求天然、健康乃是时代的潮流，也是全世界美食者的追求。我们要了解餐饮业演变与消费者需求的变化，研究"如何促使顾客来店"及"如何创造餐厅的魅力"，树立自己的特色，使经营取得成功。

如今，即使是普通工薪阶层，生活条件也大大改善，鸡、鸭、鱼、肉、蛋已不再是逢年过节的"奢侈品"。如果用这些原料做出特色菜，他们就会上馆子去尝尝新。因此，创新的一般思路应该是：用大众化原料辅之以创新的加工方法并精工细做，做出一些在家里吃不到或无法做的菜。粗菜细做也是同样用平常的原料，改变做法，运用厨师的厨艺使之成为一道新菜，以达到菜品更新的目的。

这些创新并非毫无基础，有的饭店采取与异地交流、互办食品节的办法进行促销，这无疑是个办法。但光靠几次突出的活动是远远不够的，对厨师来说，一定要在技术上成为多面手，又要善于观察和思考，才能不断创新出民众所喜爱的菜肴和食品，带动消费市场。

被誉为"美国饭店大王"的斯坦特早就说过："饭店业就是凭借饭店来出售服务的行业。"这是颇有见地的见解。大众化的餐饮并不意味着简单化的演绎。餐厅的人员素质较高，服务管理有丰富的经验，服务水平较高，可以提供高水准的规范化服务，和针对不同消费者的个性化服务，这是一般社会餐厅难以做到的。所以优质服务是饭店业生存的基础，是与社会餐厅竞争的有力武器。

在为大众服务的过程中，服务员与顾客之间的可交流性——信息与情感——就变得十分突出和重要。

首先，员工要有足够的信息传递给顾客，对菜肴特色、酒水知识、个性服务都应了如指掌，这既是促销又是情感的交流。

其次，员工要随机应变，可以与顾客进行恰如其分的调侃或幽默两句。这绝不是对规范化的否定，而是在规范化基础上的升华。且情感化服务并不增加任何直接成本，但达到的良效是空前的。

再次，如何身份定位：顾客是谁？我是谁？

那么，我们又该怎样做，才能让客户感觉良好呢？这不光只是一个愿望，更重要的是，我们要有一些可以很容易做到的技巧。

在关系销售法中，首先要考虑的是身份定位。在身份定位中，客户是谁？对客户来说，我是谁？这个定位就很大程度决定了客户对我的感觉，以及我对客户的感觉。

我们来看一看，如果我们今天不用“客户”这两个字，而用其他代名词来代替，我们可以把客户当作什么？可以当作朋友、上帝、亲人（情人）、衣食父母、钱、学生、老师、仇人、敌人、小孩、傻瓜……

好，现在我们来看一看，把客户当“朋友”时，会发生什么事？我们和好朋友做生意，其中最困难的是什么？收不到钱！“好朋友还收钱？当然是你送给我喽！”我们会发现，与好朋友做生意时，很难维持原则，常常不好意思去收钱。这样就只好把价格一降再降，一直降到没有利润，甚至贴本，好朋友嘛，亏一点也没有关系，友情胜过金钱。到最后，生意越做越多，生活费却越来越少。这样做得开心吗？不开心！

那我们现实一点，把客人当钱，这样就开心了吧？一看到客人，钱就来了，就像一些漫画里，两只眼睛像金鱼一样，射了出来，最前头是两个“$”。而客户一看到我们财迷一般看着他的钱袋会怎么样？只会把口袋捂得紧紧的。你想一想看，客户还会喜欢我们吗，还会想见我们吗？有些人总是担心生意只有一次，恨不得这也卖给客户，那也卖给客户，一次卖得越多越好，这就是把客户当钱，这样做，客户下一回还会来吗？我们会有长久的生意吗？

还是回到最根本的，我把客户当上帝，那总可以了吧？我们把客户当上帝，对他百般尊重，客户的声音就是上帝的声音。今天客户说，你给我打五折，你的答案是什么？“好”吗？好的话，三折怎么样？再好的话，一折吧？再好的话，送过来给我，要么干脆你贴钱算了。那我们的答案是什么？我们只能对客户说“等一下，等我回头与老板商量商量”，然而老板却回答你“不行！最多七折”。想一想，如果客户是上帝，那常常跟上帝作对的是谁？是魔鬼。那好，我们一出去就见到上帝，什么都要听他的，一回来却又见到魔鬼——顶头上司，在这两头，我们到底该听谁的？这样一来，这个业务我们会做得开心吗？我们会愿意去见客户吗？因为上帝只能高高在上，请问，谁愿意自己比别人低那么多，完全没有主权，没有自尊，没有尊严？

所以现在我们常常听父母说起，很讨厌自己的孩子去做销售，尤其是做直销，因为老要求人，卖东西就是求人嘛，求这个，求那个，自己好没面子！请问，这样去销售，会做得开心吗？不开心的事，会长期做吗？会用心做吗？会一直到把它做得成功吗？一般都不会！

而把客户当傻瓜会怎么样？你喜欢别人把你当傻瓜吗？我们以此类推，你会发现，其他几种都有类似的情况。

而你把客户当什么，你的心态也就会随之不同。不信大家可以做个试验，让自己想象自己对三个不同对象说同一句话，一个是自己很要好的老朋友，另一个是一个很严肃的上司，还有一个则是我最大的客户，而要说的这句话则是一句很普通的话："请问，有没有几分钟，我想和你谈谈？"我们来试验一下，看看内心的感觉有什么不同？

你会发现，当对方身份不同时，我们说话时内心的感觉是不一样的，而且语气、语调、包括呼吸在内的肢体语言也都是不一样的。

那好，当对方用不同的身份与我们说话时，我们听到后的感受，是不是也不一样？所以，我们把客户当朋友或是当上帝，我们说话的方式，对方会不会感觉有所不同？有没有影响？

那么，怎样才能让客户感觉到舒服，而我们自己也感觉舒服呢？

有的人会说，做销售的，什么都别管，只要把业绩做上去，那就行了。真的吗？如果我们卖的是假药，业绩上去了，我们会感觉好吗？良心不安时，我们会开心吗？你发现，如果良心不安，业绩再高也不开心！如果我们面对一个老板，虽然业绩上去了，我们却很讨厌他，这样我们会开心吗？也不开心！

而今天我们要的是什么，是既成功又快乐，既有好业绩，还很开心，对方满意，我们也满意。那好，我们应该怎么做，才能做到这一点？我们应该把客户当作什么？只能当作互惠互利的合作伙伴，我们才会开心。互惠互利是什么意思？我有一些东西，是他要的，而他也有一些东西，是我要的。我们做了一个交换，他要我的产品，我要我的业绩，除此之外，还要一份友谊、一份关怀，我们双方都得到了对方想要的东西。

同时，我们还做成了一件伟大的事，我们为整个大经济做出了一份自己贡献，如同10元钱流通过1000次，它做出的就是1万元的经济价值。当我今天把一个产品卖给一个人，中国经济增长7%，里面我就有份。这实质上，就是一种“三赢”：你赢，我赢，整个国家都赢。而国家赢了，也关系到其他国家，甚至关系到全球……那么，当我们的身份是互利互惠的合作伙伴时，我们有没有尊严？我们有没有骄傲？我们有没有成就感？我们有没有快乐？有！当我们去做的时候，我们做得开心吗？只要做到了，我当然开心！

对于客户的建议，报以真诚的回馈

客户买的永远不是产品，他们买的是这个产品背后所能够带来的利益和好处。如果我们不能够让客户相信或了解购买我们的产品能够给他们带来什么利益或好处，或者能解决他们的问题，那么我们的产品就永远没有说服力。

如果你想赢得顾客的肯定就要征询他的愿望、实际需要及想法，让他觉得他自己是这里的主人。没有人喜欢被强迫消费或遵照命令行事。许多经营者为使顾客消费自己的东西，滔滔不绝，说个没完，好像非如此不可。这未免有点太心急。心急并不能把事情做好，也许适得其反。

每个人都重视自己，喜欢谈论自己，他们可不愿听一个唠唠叨叨的人自吹自擂。如果你想得到客户的认同，最好先让客户说。即使你不同意他的意见，也不要打断他的话，那样会造成对方的抵触情绪。因此，你要学会运用宽容心态，耐心地听，然后再对症下药。

威森先生向一家专门替服装设计师和纺织品制造商设计花样的画室推销草图，他每个礼拜都去拜访纽约一位著名的服装设计师。那位设计师虽然愿意见他，但拒绝买草图。

威森经过反思后，决定试用“不强加自己的想法于他人”的方法。他随手抓起六张画家们未完成的草图，冲入买主的办公室，对他说：“您好！这是一些尚未完成的草图，请问，我们应该如何做才能使您满意？”

买主默默看了那些草图一会儿，然后说：“放下它们，过几天再来取。”

三天后威森又去了，得到了他的一些建议，取回草图，并按照买主的意思把它们修饰完成，结果，六张图纸全被接受了。从那时起，这位买主与威森建立了很好的合作关系，订购了许多其他的设计图。

威森说：“我现在明白，这么多年来，为什么我以前一直无法和这位买主做成买卖。我以前只是催促他买下我认为他应该买的东西。我现在的做法完全相反。我鼓励他把他的想法交给我。他现在觉得这些图是他创造的，确实也是如此。我现在用不着去向他推销，他自动会买。”

所以我们要尊重我们的客户，让他们尽可能多说，我们少说，但我们说的要“少而精，抓住要害”。尊重是一剂解药，可以解开彼此的冷漠与隔阂。同时，诱导他们表达自己的想法与看法。对此，你不妨采用“投其所好”的方法。投其所好并不难，只要你巧妙地利用心理暗示即可。你不妨主动挑起话题，引起对方的兴趣，然后鼓励对方说下去，使其得到尊重与满足，同时诊断出客户的疑惑所在。你可以举例引述，引起对方的看法，如“这么说我们新上的这个菜的口味……”“你们这一幢楼上的 × 先生认为我们的服务……”

引出你想听的话题，一定要做到“无意中”“自然而然”地转入，不做作。

第七章

好业绩全凭一张嘴

不要等到顾客上门了才开始思考你的用词，平时就要一百遍一千遍地研究与练习创造“恍惚”状态的语言技巧，或称为创造感觉的语言艺术。在与顾客说话之前，你不但要想好各种场合下的每句话，在表达时更要注意自己说话的语气和语调。因为你说话的声音不同，给对方的感觉也不会一样。

狼性推销之电话销售的技巧

电话是现代化社会人与人必不可少的沟通工具，用电话与准客户进行约谈，既可以省时省力，又可以免去不必要的尴尬。

电话一端，不仅传达出你的声音，还表现出你的精神面貌与形象。

1. 使用有魅力的声音

要让自己拥有充满魅力的电话声音，就必须“勤于练习”。每天早上起床后，你要面对镜子练习对话术，并用录音机录下，以做适当的改正，直到自己满意为止。

2. 正确的电话约谈步骤

①微笑的声音。当你微笑时，你的声音也是微笑的。美国数据公司曾用“微笑的声音”来做广告。要求：腰身挺直，深呼吸、微笑。

②打电话时，要告知对方自己的身份。“喂，您好，我是××公司的××。”

③专心。不要边吃东西或边喝饮料边打电话，甚至与经过身边的人打招呼。如果真有分神的事，请向通话者解释并请他稍候。

④做出适度的反馈。不要一味地诉说或倾听而不做任何回应。

⑤愉快地结束对话。“很高兴与您通话，再见。”“谢谢您花时间和我谈话，希望能面谈。”

⑥等对方先挂断电话。

以上步骤均以“富有魅力的声音”为前提。

3. 电话约谈的规则

规则无处不在。按部就班的生活需要规则，秩序井然的社会需要规则，人际沟通也需要规则。“无规矩不成方圆”说的便是这个理。因此，在电话约谈中，你一定要知道电话约谈所需遵循的规则。

电话约谈要达到良好的效果，必须遵循下列规则：

①保持轻松愉快的心情。

②约访量要大且有持续性。

③绝不在电话中谈论产品。

④具备专业的知识水准。

⑤三分钟内结束约访。

通常，电话约谈的内容必须具备以下几个方面：

①亲切的问候与自我介绍。你必须让准客户感到友善、有礼、尊重与诚心。

②引起准客户的兴趣。诱之以“利”，必须提到对准客户有利的事情。

③约定时间和地点。

④再次确定订约的时间和地点。

你可采用以下几种方式约谈：

例一：

“您好，× 先生，我是 ××，是 ×× 公司的，我们想了解一下贵公司的软件情况，不知您今天是不是方便——那么明天上午还是下午？我下午3点钟准时到，不见不散。”

例二：

“您好，×先生，我是××公司的××。我们这里有些关于理财的不错规划，希望能为您服务。只要花您30分钟时间，不知您明天下午还是后天上午哪一段时间比较不忙（或有空）？”

例三：

“×先生，您好，我是××公司的××，您有一位要好的朋友×先生，他特别欣赏您的能力，前些天他关照我，要我与您谈一桩很重要的事情，相信您肯定会有兴趣的，要与您约个时间，不知道您今天还是明天有空？”

例四：

“您好，×经理在家吗？恭喜您搬新家，我是××公司的××。我这里有份你肯定会感兴趣的理财规划，希望能过去与您面谈，只需您花30分钟时间。不知您明天上午还是下午有空？”

4. 如何应答录音电话

电话约访碰到录音电话怎么办？是挂断还是留言？你的选择是什么？

你一定选择了后者。那么，你该怎样留言才能做到有言必回呢？请参照如下方式。

“您好，×先生，我是××公司的××，我这里有份对您的财务规划相当有帮助的信息，我已经为您空下明天下午2点到5点以及后天上午

10 点到 12 点的时段，请您务必在这两个时段和我联络，我的电话是……（再重复一次），我会等您的电话，谢谢，再见！”

根据实验表明，这样一则短短的留言，回电话率竟达 50% 以上，而大多数准客户会在隔天下午就主动回电话。

所以，千万不要当录音电话的逃兵。

与客户沟通多用“我们”

与客户沟通多用“我们”就是要与客户建立共同的信念与价值观，可以从我们两家公司中找到共同点，或我与他之间，他与我们公司之间。你至少可以做到一点，在谈话中多用“我们”。

我在培训中，曾经接触过一个做美容化妆品的，她对我说，做美容化妆品真的好辛苦，我们要卖品牌货，要卖高价的，虽然客户觉得产品很好，试用效果也相当满意，可是一谈到价格，顾客回过来却只有一句“你的东西太贵了，我不买”，你怎么办？

通常我们会怎么回答？我们总会说：“不贵的，已经很便宜了”。好了，如果我这样讲，而你是客户，你会有什么样的反应？是不是会反驳回去：“还说不贵？一瓶这么小，就要卖到一千块。”

当出现这种情况时，双方就成了楚河汉界，你在那里，我在这里，两边已经站不到一块。”

还有没有第二招？我们会说：“是有点贵，但是……”这样就完了。

当那个学生问我时，我对她说，你要多用“我们”：“陈小姐，我们做女人，要对自己好一点，对自己好一点呢，我们就要用好一点的东西。”我有没有反对她？我有没有说出自己的东西品质好？我有没有反对价钱贵？如果你是那位陈小姐，你听了之后舒服还是不舒服？这种表达方式，把我与她连到了一块，然后一起去看那个产品。

用一个“我们”，就可以在我们之间建立起很多共同的信念与价值。比如一个客户来投诉：“你们这东西怎么回事？质量怎么这么差？有没有搞错？我要退货！”如果我是客户服务部的一员，我负责接待他，见到他一来就气势汹汹，这时我该怎么说？我怎样利用“我们”？

我可以这么说：“黄先生，看得出来你真的对这件事情非常生气，现在，让我们来看一看，怎样处理这件事情比较好，怎样做才能让我们都感到舒服。”这时会怎么样？那件产品在那边，而我和顾客则在这边，不仅仅是你感觉舒服，而且是我们都感觉舒服。说这话时还可以做一个手势——用手指向东西那一头。

这时，如果你是黄先生的话，你的感觉是怎样的？火气是往上还是往下？

如果你僵硬地站在旁边，用很机械的语气一口气说下来：“对不起，黄先生， 我们公司规定的原则是： 货物出门， 概不退换。”你有没有遇到过这样的销售？有——气得我恨不得拿着东西朝他脸上砸过去。这样说意味着什么？都是公司的规定不好，与我没有任何关系。

我在这里劝大家，如果你做销售，你最好不要把公司搬出来，你搬出公司来，你自己就没有关系了吗？你想一想，客户听到你这么说之后，是讨厌我，还是讨厌这个公司？事实上，是两个一块讨厌！

今天我做销售，我会怎么说？与客户站在一边，同时，我还代表了我的公司，并代表公司来与客户沟通。因为客户看到的是我，我是沟通窗口，我就代表了整个公司。

终端店员如何吸引顾客

接待顾客是一门很深奥、很微妙的学问，有它自身的规程，违背了这些规程就很难达到营销的目的。终端店员在营业中，如何吸引顾客？这就要求履行以下职责，方可不断拓展业绩并招徕回头客。

打招呼：要注意语气的“二轻”，即轻柔而不造作，轻声而不低沉。

定睛注视：不是目不转睛地盯，而是保持一种真诚的、热望的目光，给顾客以尊重、稳健的感觉。

接近顾客：顾客莅临，要主动接近顾客，不要让顾客有被冷落的感觉，反之也不要过于热情，让顾客有恐惧感。

询问顾客的要求：要耐心、细致，友善引导，不要让顾客感觉被蒙骗。（要点是真诚）

拿商品给顾客看：宜双手递上，以示诚恳。介绍产品时要得体大方，不要让顾客感觉到你毛手毛脚。

商品讲解说明：针对商品特性，进行简要说明讲解，必要时，再进一步全面解说（注意要专业）。

让顾客选取商品（成交）：要耐心、细心，不要显出不耐烦的样子。

收款：面带微笑并说声“谢谢”。

行礼：目送顾客离开，道声“欢迎再来”，顾客走远，要招手示意。

一个顾客对商品会有许多需求，但其中必须有一个需求是主要的，能否满足这个主要需求是促使顾客购买的最重要的因素。最能够导致顾客购买的那些商品特性就是销售卖点。取得产品介绍成功的要点

1. 保持简短扼要

我们要尽可能清楚、简洁地表达我们的思想。尽可能避免使用一些行业术语以及一连串的由首字母构成的词。这些术语和词往往只有我们自己和我们的同伴能懂，而对于其他大多数人来说则是毫无意义的。

购买者并不总是像我们一样熟悉那些行业术语，而且即使他们听不懂我们说的，他们通常也不会告诉我们。这时我们所面临的主要风险是人们通常不会购买他们所不了解的产品。我们是否可以使用这些术语得视购买者而定，否则就将它们留在你的办公室吧！

最后，每次只宜解决一个问题，并需要不断得到客户的反馈。只有这样才能极大地增加你被理解的可能性，并进而增加你得到订单的可能性。

注意：滔滔不绝并非销售，我们要用最简要、清晰、易懂的语言与客户沟通。

2. 视觉手段

运用视觉手段有助于我们清楚明了地展示我们的产品和服务，有助于我们的客户形象地了解他所能得到的好处。如果你把这些视觉材料放在一个活页夹中，你就必须熟悉它们摆放的次序，这样你就能很快地找到你所

拜访的客户所需的资料。产品样品和试用的方式对帮助客户了解他们的需求能否被满足很有好处。但在试用和征求订单之间不要留太多时间，拖延的时间越长，就越会增加得不到订单的危险。

3. 运用第三者的例子

所谓第三者的例子是指向客户介绍那些已经使用我们的产品或服务来满足他们需求的人的例子，这些例子除了能使我们所做的介绍更加生动外，还能帮助我们的客户形象地了解我们的产品或服务所能给他们带来的好处，同时有助于我们树立信誉。在介绍一个第三者的例子时，我们要么使用普通代词“其他人”，要么使用某个具体公司和个人的名称来说明他们那些与客户相同的需求已经通过我们的产品或服务得到了满足。这些例子还可有助于避免销售人员的难堪，因为如果客户不同意销售人员的观点，那他是在不同意第三者的做法；如果他持赞同观点的话，那他通常就是赞同该销售员了。

在举第三者的例子时，如要使用具体的公司或个人名称的话，每次都应告诉客户你是得到允许才援引该例子的，如果你不这样做，你的客户就会确信你会把每个人的事情告诉任何人。没有人愿意与一个不尊重他人隐私的人做生意。因此在没有得到允许前千万不要引用任何具体的第三者的例子。这样当你在使用这一销售的强力工具时，就可极大地降低可能遭遇到的风险。

4. 对特征、功能、用途进行说明

专业销售人员可以使用的另一个极为重要的工具，是向客户做产品或服务的特征、功能、用途介绍。这是一个最为客户所理解的，因此也是最多销售人员所使用的技巧。

我们多从某一具体客户的需求角度去介绍。

特征——介绍“是什么”，即针对客户需要的是什么产品。

功能——介绍该产品能做什么。

用途——介绍该产品可以满足客户什么需求。

大多数销售人员存在的主要问题是不知如何区别功能与用途，除非我们能够学着去做，否则我们将面临只注重介绍我们的产品或服务能做什么，而不会介绍它们能满足客户的什么需求或解决客户的什么问题。所谓用途就是指客户的需求可以得到满足。

正确处理客户的反对意见

在你的销售中，有时候难免碰到反对的意见。为什么人们会提出反对意见？主要因为：

①不明白你的讲解；

②顾客需要不被了解；

③害怕“被出卖”；

④没有说服；

⑤主要购买动机没有得到满足。

有经验的销售人员喜欢客户有反对意见。因为他们知道如果他们能够满足一个客户的真正需求，他们就又向做成这笔业务迈进了一步。

80%的反对意见来自于下列几种基本的类别：

①价格；②质量；③服务；④竞争；⑤应用；⑥交货；⑦经验；⑧信誉。

当客户提出反对意见时，不要争论，不要反击，要提供更多的令人信服的信息。

处理反对意见的步骤如下：

1. 倾听反对意见

第一步是倾听人们提出的反对意见，看到底是真正的问题还是想象中的问题，如果是个真正的问题，就应该马上着手处理。如果只是一个假想的问题，也仍然要予以处理。只不过我们可以把它推迟到在进行产品介绍时找一个合适的时机予以处理。

2. 表示理解

表示理解是指对客户的反对意见表示理解，而不是同意或同情。比如：

购买者："李先生，恐怕你的价格太高了些。"

销售员："我理解你为什么会有这种感觉。"

这种表示理解的表述，目的在于承认购买者对价格的忧虑，但却没有表示赞同或表现出防卫的意识。在答复人们的反对意见时永远不要使用"但是"或"然而"这样的转折词。用了这两个词就好像是在马上否定掉它们前面的那句话，因而也就在销售人员和购买者之间竖起了一道障碍，如果你一定要用连词的话，请用"那么"。

错误表述："是啊，似乎是贵了点，但是……"

正确表述："陈先生，我理解你的观点，让我们来谈谈这个问题。"

这样双方就建立起了合作关系，而不是抵触的情绪。

3. 让客户对你的反驳做好准备

在这一刻我们的目标是降低客户的紧张程度，从而减少引起冲突的可能性。

4. 提供新的证据

至此，既然反对情绪已经得到了降温，我们便可以提出反驳了。根据反对意见的类别，定出最具体的、符合逻辑的确切答复，接着把它们记住，并一遍遍地使用直到它们听起来让你感到自然为止。

5. 征求订单

处理反对意见的最后一步是征求订单。在你做出尽可能最佳的答复后，你可以征求客户意见，是否同意购买。

处理反对意见的技巧：

在处理反对意见时，我们的目标是既消除不同意见，又不让客户失去面子。

1. 把它转换成一个问题

几乎所有购买者提出的反对意见都可以被转换成问句的形式。如果购买者同意把它看成是一个问题的话，那么他就再也不会把它看成是一个反对意见了。这时购买者是在等待对这个问题的答复。在你作出答复后，他便只能做出两种选择了："是，这确实是个问题"或"不……"如果购买者说"不"，那你就可以收集到更多的信息。

购买者："不，这倒不是个问题。"

销售员："哦，是吗？那请你告诉我你主要的问题是什么？"

购买者："嗯，我想要的是………"

瞧，他就要说出真正的问题所在了。这第一个确实不是什么问题。如果你能满足他第二个问题，双方就可能做成生意了。

2. 自己觉得——人家觉得——发现

这种用"自己的感觉——人家的感觉——最终发现……"的方法来处理客户的反对意见能有效引导客户接受我们的条件，同时也可避免发生冲突的潜在危险。

下面我们来分析一下这种方法，并用我们自己的反对意见穿插到这种方法中去模拟练习一下。

自己去感觉——"我理解你的感觉……"

目的：表示理解和同感。

人家的感觉——"其他人也觉得……"

目的：这样可以帮助客户不失面子。

发现—"……而且他们发现……"

目的：①舒缓销售人员面临的压力；②使客户做好接受新证据的准备。

这样做，如果双方有什么分歧，那问题就在第三者身上；但如果达成一致，那么你想谁将获利？你！

我们要有“期盼反对意见”的心态来面对客户的反对意见。这表示顾客对我们有兴趣，使我们可能获得圆满的结局。

至此，我们在拜访客户期间，达到了下述目的：

①引起了他的兴趣；

②发现了他的需求；

③提出了解决问题的方法；

④处理好了他原本所持有的反对意见。

至此，即使我们一切都干得很好，如果我们不征求订单的话，我们也还是可能得不到它。尽管我们双方都认为我们的产品或服务可以满足客户的需求，但做出决定的过程仍可能会引起客户的极度紧张情绪，以致于反而一下子做不了决定。这时我们的作用在于帮助客户克服这一窘境。现在的问题已经不是客户是否愿意购买我们的产品或服务，而在于我们该如何帮助他完成这一决策过程。只有尽量使客户做决策变得容易，我们双方才能最大程度地获得利益。

语言的魅力无处不在

其实在跟陌生客户接触的过程中，第一印象的建立是非常关键的。

我们在看广告片的时候，其实一个广告片最长不超过三十秒，通过三十秒的播放，促使人们作出一个决定，或者是促使人们做一些行为，就是说去购买产品。在三十秒内你完全可以和客户进行一个沟通交流，把你需要传达的信息告诉客户，而在这个过程当中，你一定要学会一种非常有效的、快速表达的技巧。

狼性推销学告诉你在初次见面时一定要注意你的措辞，及其传达出的个人形象和给客户第一印象。要做好这些需符合“三三三原理”。

“三三三原理”中第一个“三”是客户见到你的前三秒的印象，比如说你的着装、表情、言谈举止，三秒当中对你有初步印象，三秒钟决定是否跟你沟通。第二个“三”指客户观察三分钟你的肢体语言，包括一个人的表情、动作，进到客户办公室里的第一句、第二句话，跟客户握手的姿势、问好的表情等。三分钟的肢体语言观察，决定第一次见面的客户是否继续和你沟通和交流。

如果对你的印象非常好，客户继续给你一些时间。第三个“三”是三十分钟的表达，比如说三十分钟看你表达的能力和效果是怎么样的，能否说服客户比较同意你的一些产品或是有关服务。以上就是在销售过程中的“三三三原理”。

而这归根到底还要看我们语言组织的能力。

恍惚是我们日常体验中的一种超级成交方法，它是运用语言描述我们心里创设的一些图像、声音、气味、感觉等。

不要等到顾客上门了才开始思考你的用词，平时就要一百遍一千遍地研究与练习你创造恍惚状态的语言技巧，或称为创造感觉的语言艺术。

现在举一个例子让大家看看如何利用恍惚做推销。

有一次，有个朋友告诉笔者一个营养品的效果，他绘声绘色地告诉笔者一个本来面色暗黄的女孩，在吃了一个营养品之后脸色是如何开始变得红润娇嫩起来的，还有精神也开始变得振奋。本来笔者只是姑且听之，听着听着自己都觉得心动不已了——“给我一瓶吧，兄弟。”就这样，笔者被自己经常提及的招数给击中了。这就是创造感觉的语言艺术的魅力，明知人家是在运用技巧，还是心动得想试一下。

在与顾客说话之前，你不但要想好各种场合下的每句话，而且在表达时更要注意自己说话的语气和语调。因为你说话的声音不同，给对方的感觉也不会一样。同样是“讨厌”两个字，一个女孩子对一个陌生人讲和对自己的男朋友撒娇地说，两种感觉完全不一样。这就是语气、语调的差异给对方的感觉不一样。

请用不同的语调读出下面三句话，仔细体会一下声调、语气的变化给人不同的感觉：

· 你真坏！（无奈、玩笑、撒娇、痛恨）
· 你说呢？（疑问、取笑、生气、关心）
· 我理解你！（同情、不耐烦、嘲讽、口是心非）

声音是语言表达中最重要的工具。在介绍产品的过程中，尽量运用语调、速度和语言等三方面的变化，使表达更生动自然，富有激情。没有激情的销售很难给客户留下深刻的印象，很难感染客户，更谈不上“超级成交”了。

当你的顾客进入你的店铺，你上前跟他沟通的时候，你说的每一句话，都要使客户感到悦耳、动听、舒适，这样客户才愿意并喜欢和你沟通。想要了解自己的声音是否具有吸引力，你可以把自己的话录下来然后仔细听，你就会知道自己的声音是什么样子的。你很快就会发现，自己的声音哪里缺少感性色彩或语调变化，以及你的嗓门听上去是高了还是低了。你的口齿是否伶俐，吐字是否清晰？弱音、重读能否区分出来？如果不是，那就加强练习。

在表达中，如果你想强调某句重要的话，一个最好的办法就是将这句话的最后几个字轻柔地讲述出来。让我们以下面这句话为例来验证一下这个技巧。你可以用正常的音量和语调来说这句话的前半部分，然后用轻柔的语调把最后几个字说出来。

如果我想强调哪一部分，我就——轻轻地，说出来。

在运用这一技巧时，你可能发现客户常常会向前倾，以听清楚你在说些什么。这证明你已经完全赢得了客户的注意，他已经被你所超级成交了。

另外一个超级成交的常用手法是停顿。它能增强你说话的语气，令你更好地思考，以及让听众更有效地聆听、领会和记住你所说的话。此外，你还可以利用停顿来观察你的听众是否已经理解和认可你。

在表达中，如果你在某个地方停顿一两秒，你将发现它能大大增强你的表达效果。读下面这句话，在“那么”一词之后停顿一下。

如果我想引起对方注意，那么——我会停顿一下。

在你停顿之后，你会发现对方给予了热切的关注。因为这种停顿唤起了他继续听取下文的兴趣。

在与客户沟通时，要保持热情、自信、风趣的状态，这样的肢体语言会让客户觉得你是一个精明能干而且很专业的销售人员，他们就会相信你的推荐，和你成交的可能性就很高。一定要注意，客户很在意你给他的感觉，他会根据你给他的影响而决定是否向你购买。

在狼性推销学中，沟通不在于你说什么，而在于你怎么说，并让客户感觉到了什么。生活是一门艺术，沟通表达更要讲技巧，不同的语言会产生不同的效果，这就是高手和普通人的区别。引起客户的兴趣是所有销售的开始。再好的产品，如果客户不感兴趣也不会购买，更何况现在同类产品众多，要想赢得客户的青睐和信任，首先你必须要让对方注意你及你的产品并产生兴趣。

在与客户沟通之前，你要问自己下列问题，并分别用一句话来回答：

· 我要说什么？我的策略依据是什么？

· 我要表达的中心是什么？

· 哪一种表达方式最有可能达成目的？

· 我能否充分论证这一表述？

· 是否还有其他与此相适应或相关联的必要表述？

·这一表述是否与我的客户的需要和兴趣相关？

要揣摩客户的心理，客户没有时间反复和你讨论过程，他只关心结果；客户没有时间反复和你交流沟通，他只关心自己的利益和好处。麦肯锡公司要求每一位咨询顾问要在30秒之内，说明你的意图并将你的方案推销给客户，你能做到吗？

“为什么有人会比自己成功十倍，收入多百倍乃至万倍，难道真是他们比自己聪明那么多倍，运气好那么多倍吗？显然不是。那么，你想不想知道他们是如何做到的？”这是世界行销大师杰·亚伯拉罕为一家国际训练机构做课程推介时所做的广告名言。当你看到这段话，你是不是有兴趣翻看这份DM及其后面的资料，看看里面说的是什么秘诀和方法？

你必须对你自己的产品、服务、建议、方案等十分了解，同时也要对你的客户非常了解，以确保你能在30秒内清晰而准确地将自己推销出去。如果你有很多建议，就选择富于变化的发言以增加情趣。缺少变化的语言会使场面显得呆板而沉闷，而你所说的一切也将变得枯燥乏味和苍白无力，因此你也不会受到客户的青睐。

人们在一定的语意流中只能捕捉到有限的信息量。这就意味着，即使客户有时间听你讲话，他也不可能把你说的话完全吸收进去。因为听众的持续注意力只有30秒。环视你的房间，把注意力集中在一盏灯上。不出30秒，你的注意力就会转移到其他东西上。假使这盏灯可以跳动或者发出声音，也许能重新引起你的注意。但是在静止不动或没有任何变化的情况下，它就无法继续吸引你，使你失去对它的关注。这种规律被广泛运用于广播和电视广告当中，几乎所有的电视或广播广告，其节目长度都是30秒，这就是“30 秒注意力原理”。

一个人在听你说话的注意力持续时间是 30 秒，这也意味着如果你想让他们一直保持兴趣和关注的话，那么每隔 30 秒你就要有些变化。

如果你想吸引客户的兴趣，那你自己必须变得很有趣。销售高手都能保持灵活，适时调整他们的谈话风格、声调、措辞、手势和谈话的距离，以便与客户合拍。你必须是一个细心的观察者，你需要眼观六路、耳听八方，不断尝试改变你的沟通策略。你可以微笑、打手势、往前移动、变换位置、大声讲、轻声说、语速增快、语速降慢、停顿、设问以及使用幽默、夸张或情感渲染等表达手段。这些技巧能够激发顾客的想象力，增加你的吸引力，这是超级成交销售过程中必不可少的。

在你刚开始试着让自己的语言和动作有所变化时，你可能会觉得有些不自然，但只要你勤学多练，一定会大大提升你的语言影响力。顶尖的销售高手是能不断变换手段的变色龙。

“当你使用它的时候……”这句话具有暗示效果，具有超级成交的作用。在客户的潜意识里灌输他已经购买这个产品，你现在是在教他怎样使用产品，而不是说服他购买。当客户在潜意识里认可了这个产品，就会激起对产品的占有欲，从而产生购买欲望。

不同的词语具有不同的暗示作用，有些词语可以帮助你对客户进行超级成交。

和客户沟通要习惯说“当”，而不要说“如果”或“假如”。比如“当你使用这台笔记本电脑的时候，它会大大提高你的办事效率，并给你带来最好的体验效果，我敢肯定你一定会非常喜欢并乐于使用它”。这样能挑起客户的占有欲。而如果你说“假如你有这样一台笔记本电脑，你使用起来会非常方便”，这样的语言会使客户感觉——我也许会拥有它，也许不会。

成交高手喜欢用“我们来——”句型刺激客户的购买欲望。因为这样会营造一种合作的气氛，表示“你”和“我”是站在同一阵线，而不是相互对立。如果你说“我们来做某某事”，客户就不会产生压力，甚至会认为这就是双方的共识。如果对客户说“我们来看看，如果你今天购买产品，你能得到哪些额外的优惠”，就远比平铺直叙地说“你今天购买产品，一定物超所值”好听多了。其实两种说法的结论是一样的，但是“我们来——”句型让客户更容易接受。

以“我们现在要向你证明，这种服务‘如何’为你节省更多的钱”作为开场白，绝对优于“采用我们的服务，绝对可以帮你省钱”。因为“如何”一词引起了客户的好奇心，是开启客户心灵的一把钥匙。“想不想看看某种东西‘如何’运作？”相信任何人都会感到好奇，忍不住上前去听听他们还要说什么。

去翻翻销路最好的流行杂志，数数上面的标题用了几个“如何”。再观察其中的广告和文章，算算有多少“最新”和“即可”，因为大家都喜欢“最新”的方式，享受“即可”的满足。因此，建议你在销售过程中，常用这些词汇。

当你问一个人：“你对于那东西的感觉如何？”这是一个很容易回答的问题。如果你问别人的感觉，他们没办法不去表达自己的感受。当你问一位客户：“你对目前的生意状况感觉如何？”或“你对最近一次选举的感觉如何？”你的问句是完全中立的，且绝对不会得到一个非常情绪性的反应。

一般人会对“认为”的问句感到有些犹豫，但是一旦他们有答案时，他们会比较坚定地维护自己的立场。

“感觉”是个很温和的字，“认为”比较强硬，而“依你之见”则是最肯定。当你问“依你之见，这是不是能够解决你问题的最佳选择？”你就是在请这位客户提出最确定的立场。假如他是肯定的，他就会决定购买。

有些话语会勾起客户对过去购买某样东西的恐怖的回忆，这些词语我们就要尽量避免使用：不要说“买”，要说“拥有”；不要说“卖”，要说“参与”或“帮助”；不要说“生意”，说“机会”；不要说“消费”，要说“投资”；不要说“很便宜”，要说“很经济”；不要称对方是“客户”，要称“服务对象”；不要说“你的反对意见是什么？”而要说“你的疑惑是什么？”

经常使用刺激消费的用语，会让你的销售业绩成倍增长。

很多词语都能表达强烈的言外之意，这些词语都是一些具有超级成交性的词语。在销售时使用这些具有关键意义的充满感情色彩的词语，会增加感染力，有助于调动客户的情绪，促进成交。

销售的“风格”总比“技巧”更重要，而经过千锤百炼的狼性推销学之词语，正是营造这种“风格”的关键，同时也更能够凸显成交的威力。所以平时要养成收集各种词汇的习惯，这是精通表达的第一步。

狼性推销学之词语能够鼓舞客户，吸引客户，更能够娱乐客户，引导客户点头称是。只要平时多加练习，一定让你的说服力大增，进而大幅提升你的销售业绩。

面对微笑地暗示客户

狼性推销学就是调动客户的潜意识。对于潜意识，人们不能主观控制，而它却可以进行独立的思维活动。一旦唤醒客户的潜意识，就可以超级成交他们，让他们不由自主地选择你的产品。

所以，当顾客想要购买你的商品时，你要唤醒他们的潜意识，对他们进行恰到好处的暗示。例如当有一个孩子买一种食品的时候，你要告诉他："这个东西口味可好了，现在的孩子们都喜欢吃它。"当一个姑娘试穿一款衣服的时候，你要在旁边说："这件衣服简直就是为你设计的，真适合你的身材。"为了达到理想的效果，你完全可以多说几遍。相信经过你的引导暗示，连她自己也会感到这款衣服对于她是十分适合的了。

由这里也可以看出为什么如今的广告大都采取"星球大战"战略，狂轰乱炸的广告信息充斥消费者的眼球，很多人都对这些广告不屑一顾甚至嗤之以鼻，但是不可控制的是这些广告信息通过视觉和听觉已经进入他们的大脑皮层，存在于大脑的潜意识中，在消费者产生购买动机后，大脑就在记忆中搜索出可供选择的商品品牌，这时早已存在于潜意识中的信息就被唤醒，出现在消费者的显性思维中，达到广告的目的。

消费者长期不断的重复的意识活动"自动化"以后转化为潜意识。所以一段时期内广告促销活动起到的作用，让消费者在这段时间内不断重复购买行为，以后再碰到同样的消费选择时，这种消费的定式已经形成潜意识，不需要思考就已经以极快的速度开始了新一轮的购买行为。

还有要注重自己的细节。魔鬼藏在细节中，每一个小小的细节都展示给客户一个无限的想象空间，它们在无声地揭露你的现状，悄悄地告诉人们你的故事。

如果你面对的推销员在向你推销时，一开口便让你看到一口大黄牙，而且牙缝里还有绿色的菜叶，一股口腔的异味让你感到窒息，你会向他购买商品吗？有的销售人员鼻毛从鼻孔伸出也没有察觉；女士在夏天的时候，穿短袖的衬衫或连衣裙，一抬胳膊，露出黑黑的腋毛；还有很多男士，深色的西装上落满像雪片一样的头皮屑。这些令人作呕的细节，也许你还没有察觉，但你在客户面前暴露无遗，客户哪里还有心情听你解说产品，只有一个念头就是赶快让你离开。

当你投身销售之后，你很快会发现，一张忧愁的面容注定要失败，于是他每天做 30 分钟的“笑容训练”。每次他在进准客户的办公室前，必会利用几分钟的时间回想生命中最值得感激的事，然后自然地展现出由衷的笑容，再走进办公室。

微笑必须来自内心，否则就会让人感到皮笑肉不笑，不真诚，心怀诡异。你可以通过想象一些开心的事情，来让自己露出诚挚的微笑。

微笑是可以练习的。一家航空公司这样训练空中小姐微笑：用一张纸挡住自己下半张脸，只露出眼睛，对着镜子观察你是否能给对方微笑的感觉。多数人让别人感觉不到他在笑，因为他只是嘴巴机械地动一动，而他的眼睛和脸部其他的肌肉没有变化。俗话说“眉开眼笑，嘴角上翘”，眼睛是心灵的窗口，微笑最传神的也是眼睛，要让你的眼睛笑起来，这叫眼神笑，这种笑才是最有感染力和最传神的。分布在眼睛周围的肌肉只有在内心真正幸福时才有反应，使眼睛放出愉悦的光彩。这种微笑有着感人的力量，会让任何人都无法抗拒。

如何介绍产品使顾客印象深刻

作为推销员，要想让顾客心甘情愿地掏腰包，必须要了解顾客的心理。比如，随着人们消费意识的日益提高，口味好已经不能满足顾客的要求。越来越多的消费者把关注的重点放在了“健康”上。所以，许多食品企业纷纷打出“健康营养”牌。

针对现在人们不再只满足温饱，更多关注情感、精神、文化等多方面的复合需求的现状，你在销售健康食品时，要将健康、营养等作为你销售的出发点。你要突出强调自己产品中健康、营养的特点，让顾客认为你所销售的产品是最符合他们要求的。达到这个目的可以有多种方法，你可以激发他们的想象，创造他们使用了这种产品之后的感觉，另外，还有一种方法就是用重复的方法强化他们的记忆。许多广告用的就是这种方法，在多次重复之后，顾客会接受你的暗示，接受你给他们的观念。

如果能够把两种方法结合起来用，将会让你的语言产生一种无形的推动力与感染力。

如果你是销售减肥茶的，你可以在顾客选择商品的时候说：“喝了这种减肥茶，你会想到自己睡着的时候脂肪都在自动燃烧，那种消瘦后的轻松感觉是多么痛快和舒服。”（说着这话时，仰起你的头，深吸一口气，表情欣喜地闭目养神，就好像你自己在体验那种全身轻松的快感）

这个例子向客户说明了她喝了你的产品之后，将会看到一幅动人的场景。如果你不提及这句话，到了晚上她躺在床上时，会像别的晚上一样不会特意想起你的减肥茶。现在用了强化印象法，当她晚上头挨枕头的时候就很可能会想起你的减肥茶了。

我们再举一个例子："只要喝了一口，你就不会忘记这个果汁的，这一整天你无论在哪里，脑子里总会想起这种果汁酸酸甜甜的味道。"

这种方法不仅激发了顾客的想象，让他们潜意识里显现出一幅享受着你的产品的图画，另外还强化了他们的记忆。当你面带微笑，自信地把这些话告诉他们的时候，他们肯定会被你超级成交，心里不由自主地产生一种购买这种产品的欲望。

怎样才能有效地加强你的话在顾客脑子中的印象呢？你可以使用一些具有超级成交效果的词语，例如："你不可能忘记""这不可能忘掉""这么美妙的东西，相信你会记住""也许你会常常想起""这将会给你留下深刻的记忆"。

有人认为，顾客食用食品时，他们更关心食物的口味，只要口味好，就不愁没生意。其实这是个误解。有些店铺，食品的口味很好，而且店面清洁光亮，使顾客一看餐具就产生舒心、卫生、健康的感觉，但为什么还是没有很好的生意呢？原因就在于经营者的理念。

比口味更重要的是你怎样把自己的商品介绍给你的顾客，怎样让他们听着你的介绍，就会有一种欲罢不能的感觉。这就要调动他们的潜意识。

其实人的语言有非常强烈的暗示作用，语言是具备能量的。怎样给顾客推荐你的产品，才能够引起他们的兴趣，最终将他们成功"超级成交"呢？我们都知道，只有我们对一件东西着了迷，才能使别人对它兴奋。人都有分享的心态，把好的东西介绍给别人就会很愉快、很有信心。

每次介绍一定要清楚自己想使客户了解哪些，给客户什么感觉，要达到什么目的。不是每一次产品介绍都会成交，但每次介绍都是为最后的成交作铺垫。所以，每次介绍时一定要清楚：这次与客户沟通我要达到什么目的？

每个人的兴趣爱好不一样，沟通方式也不一样。在介绍产品时，要因人而异，用客户喜欢的方式来解说。介绍产品时，一定不要忘了和客户互动，让客户亲自参与体验，才会感受深刻，因为客户最在意自己的感受。

介绍产品时一定要让客户听起来舒服，又能满足客户的需求。为了实现这一目标，销售员要做好两方面的工作：一是分析产品的特点；二是分析客户的需求。客户永远关心产品对自己的利益和好处，而不是产品的特点，所以销售人员在介绍产品时，要把产品的特点转化成客户所能得到的利益，从对方的利益这一角度来介绍你的产品。

客户并不想了解产品所有的特点和功能，但是对能够减轻自己痛苦的功能却十分感兴趣。所以，销售的重点在于关注客户的痛苦或他们渴望解决的问题，而不是你的产品。

客户是点头还是皱眉头？他是从上往下打量你，还是惊讶得不知所措？不断观察客户是非常重要的，这样我们才能确定他对我们的产品已经了解到什么程度，是否在考虑购买。只有视线接触才能确认什么是我们所需要的。

介绍产品时，不停地、自然地问客户：“对不对？”“您相信吗？”“很好，您觉得呢？”如果客户相信了那些优点，他是很愿意给予赞同的。我们得到的这种赞同越多，客户与我们之间取得的一致性就越高，而且愿意购买的可能性就越大。

运用一切语言的力量来进行销售

是什么吸引你、征服你并让你心甘情愿地掏钱购买一件产品？答案是——诱饵。在销售中，有了诱饵，客户才会耐心地聆听你的介绍，才会购买你的产品。恰到好处地设置诱饵，也是你超级成交顾客、成功销售的方法之一。

诱饵是指用以引起注意的某一表述或某件物品。有时候我们会陶醉于某一电视剧，有时候我们会耐心地将一份报纸读完。在我们花费了很长时间干完这些事儿之后，我们还感到满足和快乐，没有一个人意识到我们其实是被超级成交了。为什么这些东西有这么大的魔力呢？原因在于，无论你是看电视、听收音机、读报纸，还是看书或浏览广告牌，诱饵每时每刻都在你眼前晃荡着。

如果你有过电话销售的经验，你也许会总结出来，对于你的电话，客户越好奇，回电就越快。给客户发电子邮件，邮件的主题一定要精心设计，以引起客户的好奇心，这样才会促使他们打开邮件阅读。

所以，在与客户沟通时，为了将他超级成交，你首先要做的一件事就是引起他的注意。这时候你就需要运用一个诱饵，以便在一开始就能吸引客户并让他们记住你。要想找到表达的诱饵，你需先回答以下问题：

（1）在表达中你最特别的地方是什么？把它归纳为一句话。

（2）在表达中你最精彩、最有趣的地方是什么？将其概括为一句话。

（3）在表达中你最生动的地方在哪里？将其压缩为一句话。

（4）在表达中你最幽默的地方在哪里？将其概括成一句话。

最后，把这些最为精练的语言经过精心编排，总结成一段话，这段话就是你吸引客户的诱饵。

要想充分调动客户的兴趣，问句的形式要比陈述句的形式效果更佳。例如：

“这款音响设备可以让你的生活更加时尚，更加有乐趣！”

“你希不希望自己更加时尚，更加有乐趣？”

这两句话哪一个更能引起你的注意呢？

问句的形式更能激发客户的兴趣。当客户被提问时，对方的注意力一般都比较集中。但要注意，在任何情况下，只要你以问句的形式推出你的诱饵，你要在30秒内进行回答，如果只问不答，对方就会认为你是在质问对方或者认为你也不知道答案。

最成功的诱饵是可见的视觉诱饵而不仅仅局限于口头的描述，因为视觉比听觉更为直观的缘故，视觉诱饵的强烈效果往往是语言诱饵所不能及的。

有一销售安全玻璃的业务员，在和客户第一次见面的时候，总是带着一块自己公司生产的玻璃，并在客户面前拿出锤子砸向玻璃，然后对客户说：“这就是我们的产品，即使破碎但还是连在一起不会分散。”这样的介绍起到非常好的超级成交效果。

诱饵可以是一个陈述句或疑问句，也可以是效果强烈的视觉诱饵，还可以是逸闻趣事或个人经历。有时候一个短小而内容健康的10秒钟笑话比 10 分钟的推销更有助于拉近你和客户的关系。只要有助于说明观点、引起客户的兴趣，各种方式都可以尝试。

学会使用“攻心计”

兵法有云：“攻心为上，攻城为下。”只有你得到了客户的心，他才把你当作亲密的合作伙伴，这样你的生意才会长久。

攻心并不一定是大鱼大肉的应酬、腐败，锦上添花不如雪中送炭。

在平时面对客户的时候，你也要注意一些细节。当客户问起产品时，你不要说我给你发一个报价，你看一下。除非是客户时间非常紧的情况下，你才会说发一份报价看看。那也应该在前面说，实在抱歉，本来要给您介绍产品的，这次可能让你自己看了。让客户时时感觉你就在他身过，让他感受到你奔放的感情，如磁铁一样吸引着他。

如果时间允许的话，就是客户没有需求，我们也应该真诚、热情地去接待他们，谁知道他们是什么职位、背景；即便他们没有需求，怎么知道他们的亲人和朋友没有需求？没错，我们应该有“广义客户论”——世人皆客户也。

只有喜欢自己的产品，它才有生命力。我们在内心里急不可耐地想告诉别人我们的产品是什么样的，会给对方带来哪些好处或解决什么样的问题，这种兴奋愉悦之情表明产品在我们心中的价值所在。这样我们的感情就容易感染他们，把他们超级成交。相反，对于自己的产品，我们自己都不了解，那么就很难有充分的热情感染顾客，顾客就很难进入一种“超级成交”状态。

有很多顾客对于你销售的产品也许并不了解，有时会问些非常幼稚的问题。这个时候我们一定不要自以为是，以为自己什么都懂，把客户当成笨蛋。很多客户都不喜欢那种得意洋洋，深感自己很聪明的销售员。要是客户真的错了，机灵点儿，让他知道其他人也经常在犯同样的错误，他只不过是犯了大多数人都容易犯的错误而已。

很多人在家里贴着做人两规则：一、老婆永远是对的；二、即使老婆错了，请参照第一条执行。在外面生意场上，只要你把词稍做修改，变成客户永远是对的，即使客户错了，那也是我们的错，我相信你不仅是一名“新好男人”，同时也是一名工作出色的销售员。

有的客户对他希望购买的产品有明确的要求，注意倾听客户的要求、切合客户的需求将会使销售更加顺利。反之，一味地想推销自己的产品，无理地打断客户的话，在客户耳边喋喋不休，十有八九会失败。

客户不但希望得到你的售前服务，更希望在购买了你的产品之后，还能够得到良好的服务，如持续不断的电话、节日的问候等，都会给客户良好的感觉。答应客户的事千万不要找借口拖延或不办，比如礼品、发票是否及时送出。

纵然竞争对手有这样或者那样的不好，也千万不要在客户面前诋毁别人以抬高自己，这种做法非常愚蠢，往往会使客户产生逆反心理。同时不要说自己公司的坏话，在客户面前抱怨公司的种种不是，客户不会放心把人才招聘放在一家连自己的员工都不认同的公司里。

很多时候，客户并没有意向购买你的产品，这个时候是主动撤退还是继续坚忍不拔地向他销售？比较合适的做法是以退为进，可以转换话题聊点客户感兴趣的东西，或者寻找机会再次拜访，给客户一个购买的心理准备过程，千万不要希望能立刻一锤定音，毕竟这样的幸运是较少的。

怎么做才能吸引客户的注意力

如果不能够吸引客户的注意力，就很难谈到对他们进行超级成交。要想吸引客户的注意力，首先要注意你的开场白。开场白是销售人员与客户见面时，前两分钟要说的话，这可以说是客户对销售人员第一印象的定格（与客户见面时，客户对你的第一印象取决于衣着与销售人员的言行举止）。虽然经常讲不能用第一印象去评判一个人，但往往我们的客户却经常用第一印象来评价，这决定了客户愿不愿意愿不愿意给你机会继续谈下去。

在这里值得一提的是，如果是你主动征得客户同意会面的，你的开场白非常重要；而如果是客户主动约见你的，客户的开场白就决定了你的开场。

开场白一般来讲，包括以下几个部分：

①感谢客户接见你并寒暄、赞美；

②自我介绍或问候；

③介绍来访的目的（此中突出客户的价值，吸引对方）；

④转向探测需求（以问题结束，好让客户开口讲话）。

我们经常会发现，我们与客户会面时，刚开始 10 分钟气氛很好，可过了一会儿，就不知道和客户谈什么，或整个过程只是销售人员一个人在发表演说。一定要记住，为了使客户开口讲话，一定要以问题结束您的开场白，否则会陷入暂时的僵局，一下子会让我们无话可说。

那么如何吸引客户的注意力，有几种常用的方法：

1. 提及客户现在可能最关心的问题

如：听您的朋友提起，你从前购买的空调最主要的问题就是噪音的问题，如果你买了我们这款产品，绝对不会有噪音的担心。

2. 谈到客户熟悉的第三方

如：您的朋友王善达介绍我与您联系的，说您近期想添置几台电脑。

3. 赞美对方

如：他们说您是音响方面的专家，所以也想和您交流一下……

4. 提起他的竞争对手

如：我们刚刚和 ×× 商场有过合作，他们认为……

5. 引起他对某件事情的共鸣（原则上是客户也认同这一观点）

如：很多人认为面对面拜访客户是一种最有效的销售方式，不知道你是怎么看的……

6. 用数据来引起客户的兴趣和注意力

如：购买这款空调，可以比购买同类产品节约 20% 的资金。我知道贵企业现在的空调的耗电量比较高，如果有一种方法使您的耗电量降低一半的话，您是否有兴趣了解？

7. 有时效性的

如：我觉得这个活动能给您节省很多资金，同时也截止到 12 月 31 日，所以应该让您知道……

上面这几种方法，可结合交叉使用，重要的是要根据当时的实际情况。当然我们在与客户交谈的时候，一定要以积极开朗的语气对客户进行表达与问候。

销售就是控制和引导客户的注意力。保持变化的目的就是为了吸引客户的注意,不让客户“走神”,所以在与客户沟通时,不在于你讲了什么内容,关键是否能吸引客户。如果你始终保持单一的语调和一种枯燥的说服方式,客户就会对你的谈话感到厌烦，也就不能更好地让客户了解产品，达不到销售成交的目的。

销售要成功，主导面谈的局面是成功的关键。如果你不能掌握大局，当好“导演”，面谈就会成为一场糟糕的“演出”。而为了达到一定的效果，作为“导演”和“主角”的你就要使出浑身解数和各种方式，吸引客户的注意力，引起客户的兴趣，让他自愿地配合你把这场戏演好。所以，使用什么方式不重要，重要的是能否达到目的。只有紧紧抓住客户的注意力，让客户随时跟着你的思维进行思考，才会更好地达到成交的目的。

很多公司或商场训练出的营业员或售货员只会机械地说：“你好，需要点什么？”如果客户说：“不需要！”或“随便看看！”通常售货员就没有话说了。这就是业务员缺乏随机应变的能力，没有对客户的反应做好充足的准备。

说服艺术的核心就是在意料之外的情况下，获得意料之中的结果。换句话说，说服艺术是一门灵活机动、应变自如的艺术，因此，死记硬背只能是死路一条。

成不成交，关键在问，提问技巧是销售人员的基本功。不会提问就等于不会做销售。提问的功能不仅仅是了解需求，还可以用来主动引导客户、改善沟通、鼓励参与、控制拜访、了解接受程度以及建立专业形象。可以毫不夸张地说，提问在销售中是一件一箭双雕的重要利器。

人的思考模式，就是问题的问答过程。在销售中，你问什么样的问题，就会得到什么样的结果。顶尖的销售人员，都是提问题的高手。

销售要想获得成功，一定要把客户引领到一个令客户愉悦及放松的情境当中，放松的环境是超级成交的基础。如果顾客老是绷着一根弦，很难放松警惕，更难达到成交的目的。

你可以先问客户一些问题，因为问题会改变客户的注意力，并引导客户进入一个正面的情绪状态。例如问“你生命中感到最快乐的一件事是什么？”“现在有哪些事情让你感到高兴？”“你对什么事情感到兴奋？”等等，一旦客户进入状态时，他们就会有很好的感觉，然后你再谈产品。你先让客户感到高兴再谈你的产品，这样客户就会把正面美好的感觉和你的产品联系起来，即当客户一看到你或你的产品就很愉快或很兴奋，自然愿意和你成交。